Hans Rudolf Jost

Best of Bullshit

Worthülsen aus der Teppichetage

orell füssli Verlag AG

Umschlagabbildung: Sprechblasen von iStockphoto
Umschlaggestaltung: Andreas Zollinger, Zürich
Druck: fgb • freiburger graphische betriebe, Freiburg

ISBN 978-3-280-05330-0

Bibliografische Information der Deutschen Bibliothek:
Die Deutsche Bibliothek ve rzeichnet diese Publikation in der Deutschen Nationalbibliografie; detaillierte bibliografische Daten sind im Internet über http://dnb.d-nb.de abrufbar.

FSC
Mix
Produktgruppe aus vorbildlich bewirtschafteten Wäldern, kontrollierten Herkünften und Recyclingholz oder -fasern
www.fsc.org Zert.-Nr. SGS-COC-003993
© 1996 Forest Stewardship Council

Das Lexikon der Management-Fallen

Delete

Es waren die fremden Männer in ihren dunklen Anzügen, vor denen mich meine Mutter so eindringlich warnte

Wäre es nicht so lustig, es wäre zum Schreien: Die Management-Moden und ihre Erfolgsfreiheit, die warme Luft, die in Chefetagen die Hirnfunktion trocken legt, diese «Erfolgsrezepte», die gesunden Menschenverstand und Augenmaß durch Powerpoint und Excelsheet ersetzen.

Spätestens wenn eine Führungskraft eines Großkonzerns eingesteht: «Eigentlich geht der Hauptteil meiner Arbeit mit Politik, interner Absicherung und der Planung meiner weiteren Karriere drauf; mit Kunden oder mit strategischen Themen verbringe ich wenig Zeit», müssten in der Umgebung die Warnlampen aufleuchten.

In der Teppichetage wird taktiert, laviert, abserviert, vorgeführt, an Agenden gearbeitet, an offenen und versteckten; da wird politisiert und kastriert, werden Fraktionen und Allianzen gebildet, Intrigen geschmiedet, wird mit offenem und geschlossenem Visier gekämpft, aus dem Hinterhalt geschossen, und es wird geschleimt und gemeuchelt. Übertrieben? Realität ist die beste Satire. Und dass diese Realität im real existierenden Kapitalismus wesentlich anders ausschaut, als in so manchem Management-Fachbuch, ist jedem Praktiker klar.

Management-Moden sind bequem und helfen der Karriere, oder man ist einfach zu denkfaul, etwas Gegebenes grundsätzlich zu hinterfragen oder neu und anders zu denken. Das Schöne an Moden ist deren Vergänglichkeit. Einige kleben jedoch beharrlich in Manager-Köpfen. Und durch ihre Wiederholung werden sie zur gelebten «Best Practice», zur sich selbst erfüllenden Prophezeiung.

Eine Probe gefällig? Nehmen Sie irgendeinen beliebigen Fachartikel einer angesehenen Beratungsfirma. Er sollte mindestens zehn Jahre alt sein. Lesen Sie ihn nochmals, und Sie werden sehen, dass er sich meist von selbst ad absurdum führt. Die meisten Management-Themen entpuppen sich schnell als beharrlich vorgetragene, gleichwohl völlig unbewiesene Behauptungen. Ihre Popularität beruht auf der modischen Attraktivität des Zeitgeistes. Ist etwa das papierlose Büro eingetroffen? Gibt es in Unternehmen wirklich Wissens-Management? Ist «Reengineering» nicht in Wirklichkeit der Tarnbegriff für hundskommune Rationalisierungen?

Auf den Teppichen der oberen Etagen geht erstaunlich viel Ignoranz und Halbwissen spazieren. Und das Verblüffendste ist, dass es fast alle wissen, die in der Verantwortung stehen. Aber sie handeln selten danach. Dieser Widerspruch zwischen Wissen und arrogantem Leugnen, diese Diskrepanz zwischen Halbwissen und Dreiviertelignoranz macht dieses Thema auch so ergiebig. Es ist, als hätten sich die Spontis der Studentenbewegung in die Leitungsebenen verirrt. «Avanti dilettanti», skandierten dazu die revolutionären Blocks der 1980er-Jahre, und sie wussten nicht, wie recht sie hatten.

Es wird also langsam Zeit, gängige Management-Theorien und -moden tüchtig gegen den Strich zu bürsten und sie mit der betrieblichen Alltagssituation zu konfrontieren. Die Erfahrungen meiner Beraterkarriere haben über die Jahre eine ebenso merkwürdige wie manchmal auch skurrile Sammlung von Abstrusitäten im Management mit sich gebracht, sodass endlich einmal eine «Best-of»-Sammlung fällig wurde.

Erwarten Sie aber bitte keine ausgewogene und sachliche Analyse. Richten Sie sich lieber darauf ein, dass ich mich trotz einschlägiger Belastung um eine gehörige Portion angriffiger Unbekümmertheit und um lustvolle Polemik bemühe. Das hat den Vorteil, dass dadurch der Lernprozess forcierter ablaufen kann. Denn der Niedergang des Römischen Reiches erfolgte in erster Linie aus Mangel an kritischer Selbstreflektion und aus Unfähigkeit zur Erneuerung.

Weitaus die meisten Unternehmen sind erfolgreich, trotz – oder gerade wegen – dieser Worthülsen und des Management-Bullshits. Richtig, denn der Zweck heiligt ja bekanntlich die Mittel. Stellen Sie sich vor, Sie machen jeden Tag einen Leerlauf weniger und bauen Schritt für Schritt ein Stück der genannten Ignoranz ab. Es ist ein Luxusphänomen, sich all die Leerläufe zu leisten. Wie würden Sie die gewonnene Zeit investieren?

Ich danke meinen Kunden, die mir in über drei Jahrzehnten Beratertätigkeit erlaubt haben, dieses Wissen für Sie zusammenzutragen.

Hans Rudolf Jost

Abzocke

Es brummt im Kopf, die Party scheint vorbei zu sein: Die Salärexzesse einzelner Bosse dürften in Zukunft schwerer zu rechtfertigen sein: Das durchschnittliche Einkommen eines CEOs in den USA stieg von 1960 von 190 000 Dollar auf 9,8 Millionen Dollar im Jahre 2004. In den Neunzigerjahren des 20. Jahrhunderts stieg das Einkommen von CEOs um 535 Prozent, im selben Zeitraum das durchschnittliche Mitarbeiter-Salär jedoch nur um 32 Prozent.*

Bescheidenheit ist etwas für Verlierer, so die offensichtlich vorherrschende Meinung einiger Movers and Shakers, die sich gern selbst als Elite sehen. Diese Vollgasfraktion der Teppichetage tat jedoch nichts anders, als an den Ästen der Glaubwürdigkeit zu sägen, auf denen sie sitzt, und – um mit Bertolt Brecht zu sprechen – sich die Erfahrungen zuzurufen, mit denen sie noch besser sägen könnten. Banken stürzen zusammen, ganze Branchen werden mit Steuergeldern «gerettet». Wieviel Häme goss die mediale Empörungsindustrie auf die raffgierigen Versager und ihre Boni. Diese schoben ihre phrasendreschenden PR-Agenten vor, und mit hilflosem Händeringen wird auf die Geldfortüne von Ausnahmesportlern wie Tiger Woods verwiesen. Wenn ein Boss 424-mal mehr verdient als der durchschnittliche Mitarbeiter, kommt man leicht in Er-

* Dr. Björn Johansson, Headhunter an den 29. Schweizer Marketing- und Unternehmertagen, 12. März 2008.

klärungsnotstand*. Einmal mehr zeigt sich: «Ist der Ruf mal ruiniert, lebt es sich ganz ungeniert.»

Bemerkenswert ist, dass gemäß einer Studie der von den Schweizer Pensionskassen gegründeten Anlagestiftung Ethos kein Zusammenhang zwischen Vergütung und Performance festgestellt werden konnte**. Noch deutlicher wird eine Studie der Universität Zürich: «Leistungslöhne schaden dem Unternehmen.»*** Die erfolgsbasierten Salär-

---

* Gerd Löhrer, Blick, 31.3.2007: Gemäss dieser Zusammenstellung betrug der Spitzenlohn von Dr. Daniel Vasella im Jahre 2006 44 Mio. Der Durchschnittslohn des Novartis-Mitarbeitenden betrug gemäss Jahresrechnung 2006 CHF 103 900.–. Vasella verdiente also 424 mal mehr als der Durchschnitt seiner Mitarbeitenden.

** Eine von Schweizer Pensionskassen gegründete Stiftung für nachhaltige Entwicklung, die sich durch aktives Wahrnehmen von Aktionärsrechten einen Namen geschaffen hat. Ethos überprüfte die Korrelation zwischen der Veränderung der durchschnittlichen Vergütung exekutiver Verwaltungsratsmitglieder und der Mitglieder der Geschäftsleitung 52 börsenkotierter Unternehmen anhand folgender Kriterien («Accural Principle»):
- Total Shareholder Return (Summe aus Kursgewinn der Aktie und Dividende) im Vergleich zu demjenigen des Sektors (relativer TSR)
- Veränderung des Reingewinns pro Aktie (Earning Per Share – EPS)
- Veränderung des Umsatzes des Unternehmens
- Veränderung des Gewinns vor Zinsen und Steuern (EBIT)

Ethos konnte kein statistisch signifikantes Ergebnis für den Zusammenhang zwischen ausgezahlter Vergütung und Leistung ermitteln. Die Gründe dafür sind:
- Nur sehr wenige Unternehmen nennen die Zusammensetzung von Grundgehalt, Bonus und Beteiligungsplänen. Deshalb kann die Entwicklung der beiden variablen Vergütungsarten (Bonus und langfristige Vergütung) im Verhältnis zu den obgenannten Kriterien nicht untersucht werden.
- Oft sind Leistungskriterien für eine Bonuszuteilung für jedes einzelne Mitglied einer Geschäftsleitung unterschiedlich, diese werden nicht veröffentlicht und lassen sich deshalb nicht mit einem universellen Kriterium messen.
- Schliesslich könnte die geringe statistische Korrelation auch das «Fehlen eines Zusammenhangs zwischen Vergütung und Leistung der Führungsinstanzen widerspiegeln, was zweifellos der bedauerlichste Grund wäre», so die Studienverfasser. Vgl. Ethos-Studie «100 grösste in der Schweiz kotierte Unternehmen/ Vergütungen der Führungsinstanzen», November 2007, Seite 25.

*** Katja Rost und Margrit Osterloh, Professorin am Institut für Organisation und Unternehmenstheorien. Sie werteten 76 Studien zu über 100 000 Unternehmen aus und untersuchten zusätzlich die Saläre der 100 grössten Schweizer Firmen.

systeme hätten versagt: «2007 führte ein höherer Bonus sogar zu einer leichten Senkung des Unternehmensgewinns», so die Studienverfasser.* Das ist unlustig. Oder anders gesagt: Viel Bugwelle, wenig Schiff.
→ *Shareholder Value*

Aktionismus

Aktionismus ist betriebsames, unreflektiertes Handeln ohne Konzept, um den Anschein von Untätigkeit oder Überforderung zu kaschieren («blinder Aktionismus»). Der Begriff steht auch für Aktionen, deren Ziele weder genau definiert noch zu Ende gedacht oder deren Konsequenzen meist nicht bedacht sind. Hektischer Aktionismus lässt sich nach Ländern unterscheiden:

Wenn in einem multinationalen Konzern eine Entscheidung fällt, dann ist das in US-amerikanischen oder UK-Niederlassungen bindende *Policy*, die zeitnah eingehalten wird, weil sie morgen schon ändern könnte. In der deutschen Niederlassung marschiert das Management in vorauseilendem Gehorsam übereifrig voran und überwacht den Fortschritt mit drei Lenkungsausschüssen und Bürokratie. In der französischen Niederlassung ist es eine Empfehlung, die nun diskutiert werden muss. In der schweizerischen Filiale ist es ein willkommener Anlass, um mal wieder den helvetischen Sonderfall hervorzuheben und zu begründen, warum gerade dies hier so nicht geht.

Diese wuchsen in der Schweiz seit 2002 um 60 Prozent. Vgl. K. Rost, M. Osterloh: Managementfashion pay-for-Performance, (2007) in: M. Vartiainen et al., Reward Management Facts and Trends in Europe, S. 139–163, Pabst 2008.

* Vgl. Tages-Anzeiger, 12.9.2008, Seite 25

Frage: Kennen Sie den Unterschied zwischen blindem Aktionismus und Leerlauf? Praxis ohne Theorie ist blinder Aktionismus; Theorie ohne Praxis ist Reflektion im Leerlauf.*

→ *Botox-Change*, → *Placebo-Kommunikation*,
→ *Quick-win*

Analysten

Eine Zunft, die aufgrund der Vergangenheit die Zukunft voraussagen will (solange sie in Quartalen stattfindet). Oder anders gesagt: eine Zunft, die sehr stark unter dem Eunuchen-Syndrom leidet: (Sie wissen alles, aber es mangelt am Vollzug …) Das Resultat der Arbeit von Analysten gipfelt letztendlich in drei simplen Empfehlungen:

- *Kaufen* (engl. «Buy»)
- *Halten* (engl. «Hold»)
- *Verkaufen* (engl. «Sell»)

Im Gegensatz zur Lüge, bei der eine Wahrheit bewusst verfälscht wird, entsteht ein Irrtum unabsichtlich, das heißt, aufgrund falscher Schlüsse. Auf dieser Basis haben die wenigsten Analysten ein Problem, Meinungen und Einschätzungen im Dreimonaterhythmus zu wechseln. Oder um es mit Konrad Adenauer zu sagen: «Was interessiert mich das Geschwätz von gestern?» Warum soll das im nächsten Quartal anders sein?

Angst

→ *Emotionen*

* Kai Pohl: *Die Welt ist keine Landkarte.* In: Jungle World Nr. 2, 13.1.2005, www.jungle-world.com

Apparatschik

Apparatschiks sind Untergebene, die ein System für sich zu nutzen wissen, die sich (zumindest scheinbar und vordergründig) an alle Vorgaben der Bosse halten, sich nach der jeweils aktuellen Linie der politischen Führung richten, und es verstehen, sich durch vorauseilenden Gehorsam bei Vorgesetzten beliebt und im System möglichst unentbehrlich zu machen. Sie werden auch Bürokraten, Sesselfurzer, Sitzgurtpupser, Schnarchnasen, Opportunisten, Stubenhocker mit Ellbogenschoner, Wichtigtuer, Wendehälse oder servile Windfahnen genannt. Es gibt sie in praktisch allen Systemen. Sie sind zu erkennen am Merkmal: «Kommen Sie mir nicht mit dieser Idee. Das funktioniert bei uns nicht. Ich kann Ihnen den Ordner von 2003 hervorkramen und zeigen, dass dies bei uns nicht läuft.» Ein Apparatschik sichert sich alle E-Mails bis zurück zum Jahre 2002 auf einer CD. Man weiß ja nie, wofür das noch gut sein könnte. Sturer Formalismus ist übrigens eine fortgeschrittene Form von Widerstand.

Aufsichtsrat

Der fleischgeworde Herbst des Geschäftslebens.

Ausreden

Die Karriere einer Führungskraft ist so gut wie ihre Ausreden. Einige meiner Lieblingsausreden bei Erfolgsfreiheit:*

- Der Server ist abgestürzt.
- Der Zeitplan war ehrgeizig.

---

* Hans Rudolf Jost, *Das Große Buch für Besserwisser, 77 Ausreden bei Erfolgsfreiheit.* Zürich 2007.

- Wir müssen die unterschiedlichen Zeitverständnisse synchronisieren.
- Headquarter hat entschieden.
- Headquarter hat nicht entschieden.
- Das stand aber klar im Back-up der Präsentation.
- IT hat uns das so versprochen.
- Ist das mit XY abgestimmt?
- Das haben wir 1997 schon mal versucht.
- Ich mach das nur, weil ich muss.
- Wir brauchen Quick-wins.
- Ich war nicht in cc gesetzt.
- Spaß haben können Sie woanders, dies ist Arbeit.
- Ich war in einem Funkloch.
- Ich glaube, jetzt kommt ein Tunnel.
- Der Akku war leer.
- Die Pre-Tests waren alle positiv.
- Ihr Vorschlag ist …

☐ sehr interessant	☐ spannend	☐ sollte dem Vorstand
☐ herausfordernd	☐ ehrgeizig	vorgelegt werden (gleich
☐ zu früh	☐ zu spät	nach dem Urlaub)

☐ gut, stimmen Sie doch das Ganze noch mit

❍ *der Personalabteilung* ❍ *dem Einkauf* ❍ *der Rechtsabteilung*

… ab

- Dafür ist X zuständig.

→ *Placebo*

Autisten-Selbsthilfegruppe

Ein regelmäßiges Treffen von mindestens vier Finanzvorständen, CIOs, F+E-Verantwortlichen und anderen großen Schweigern am Loch 19 mit einem als Golflehrer getarnten

Beistand. Sie üben das Autisten-Mikado: Wer zuerst spricht, hat verloren. Denn es ist ja schließlich alles gesagt.

Autorität

Viele Bosse lieben die Metapher: Sie sehen sich als Dirigenten eines großen Orchesters. Sie stehen als Taktgeber und Maestro vor dem Orchester und treiben es zu Höchstleistungen. Tatsächlich darf bei einem Orchester der Einfluss des Dirigenten nicht unterschätzt werden. Überliefert ist die Geschichte vom Dirigenten Wilhelm Furtwängler, der – kaum hatte er den Raum betreten – sein Orchester schon zu Höchstleistungen animierte. Die andere Geschichte erzählt vom berühmten Dirigenten, der bei den Wiener Philharmonikern sein Debut gab und sich besonders profilieren wollte: Bei der Probe fuchtelte er wie wild in der Luft, machte immer wieder tänzelnde Bewegungen, sprang auf und stöhnte und schloss die Augen. Das Orchester war genervt von diesen ausladenden Gesten, spielte ruhig seinen Stiefel weiter. Der Dirigent aber sprang noch höher, schwang noch ausladender die Arme, raufte und zerzauste seine Haare. Plötzlich unterbrach ihn der Konzertmeister und sagte: «Maestro, wenn Sie so weitermachen, spielen wir wirklich, was Sie dirigieren.»* Fazit: Nur die Autorität von Innen überzeugt. Oder anders gesagt: Wenn Deutschland Liechtenstein mit dem Einmarsch der Feuerwehr droht, macht das nicht wirklich Eindruck.
→ *Macht*

* Danke, Herr Dr. Döpfner für diese hübsche Geschichte. Falls sie erfunden ist: sie passt trotzdem …

B

Balanced Scorecard
→ *Zielvereinbarung*

Basis
Eine gute Führungskraft sollte ein Ohr für die Basis haben. Eins genügt offenbar vollauf.

Benchmark
Das Wort «Benchmark» hat seinen Ursprung in der Holzverarbeitung. Ein Schreiner hat früher eine Markierung *(mark)* an seiner Werkbank *(bench)* angebracht. Mit diesem Maß stellte er sicher, dass beim Herstellen von Stuhlbeinen alle Beine gleich lang wurden: Dazu legte er das Holz bündig an der Markierung an und schnitt es an der Kante der Werkbank ab.

Benchmarking, ursprünglich als Management-Ansatz zum Aufspüren von Schwachstellen gedacht, entwickelt sich mittlerweile selber zur Schwachstelle denkfauler und risikoaverser Führungskräfte. Nicht unanspruchsvoll ist die Definition der geeigneten Vergleichsparameter, und selten hat man den gewünschten Zugang zu den «Best practice»-Fällen; also greift man auf die immer gleichen Parameter zurück. Und wo zwei dasselbe denken, wird nicht viel gedacht (Karl Valentin). Wirkliche Innovation entzieht sich dem Benchmarking. Denn wer sich mit dem Durchschnitt vergleicht, darf Nivellierung nicht beklagen. Ganz im Gegensatz zum Schreiner und seinen vier Stuhlbeinen.

Best practice

→ *Nivellierung*

Bereichsegoismen

Bereichsegoismen, Gärtchen- und Silodenken sind Folge von allzu starkem Profitcenter-Denken, Leistungsfokussierung auf Abteilungsziele und Ausrichtung von Bonuszahlungen auf individuelle Leistung, die das Gesamtergebnis ausblendet. → *Zielvereinbarung.*

Oft klagen Vorstände, dass Abteilungen oder Bereiche kaum zusammenarbeiteten und darum viel Wirkung verpuffe. Dann frage ich, wie es dieser Vorstand mit dem internen Wettbewerb halte. Denn in der Regel setzt er ja gerne zwei oder drei Leute parallel auf eine Aufgabe an und schaut dann, wer es besser macht. Das fördert weder Team- noch Vertrauenskultur noch den Abbau von Silodenken. Das fördert Misstrauen und Haifischbeckenkultur. Wettbewerb ist so lange gut und wichtig, als er nicht als demotivierende Misstrauensmassnahme empfunden werden kann.

→ *Team*

Blackberry

Blackberry ist ein unverzichtbares Männerspielzeug. Von diesem Markennamen abgeleitet ist der Begriff einer neuen Manager-Generation: die Blackberry-Manager, immer erreichbar, immer unter Strom. Für viele Führungskräfte ist dieses Gerät mittlerweile derart unverzichtbar, dass Unternehmen anfangen, blackberry-freie Zonen schaffen bzw. Blackberry-Verbote während Sitzungen auszusprechen, da die Mehrheit der Sitzungsteilnehmer zwar anwesend, aber nicht aktiv dabei ist; sie ist mit der mehr oder weniger diskreten Beantwortung von Mails beschäftigt.

Mitarbeiter beklagen dann oft die krude Art der Kommunikation: Eine als Lockerheit getarnte Respektlosigkeit schleicht sich in die Kommunikation ein.* Der Blackberry-Manager verzichtet auf «Floskeln» wie eine Anrede oder «mit besten Grüssen» oder Worte wie «Danke». Er verzichtet auch auf das Ausschreiben seines eigenen Namens, Initialen müssen genügen. Meist bestehen Blackberry-Messages aus der Mitteilung «Gute Idee!», «Bitte mit XY abstimmen» (oft fehlt das «Bitte») oder «FYI» (zu Ihrer Information).

Je nach Studie erhält eine Führungskraft pro Tag im Schnitt zwischen 60 und 100 E-Mails. Ich habe in den letzten Jahren immer wieder Führungskräfte gefragt, wie viele E-Mails pro Tag ernsthaft zu schaffen sind: Die Antwort schwankte zwischen: «Maximal fünf, wenn ich wirklich eine qualifizierte Antwort geben will», bis zu: «Problemlos 20 bis 30 E-Mails am Tag, denn oft muss ich gar nicht qualifiziert antworten.» Blackberry-Manager sagen ihnen ohne mit der Wimper zu zucken, dass sie problemlos 150 oder 200 Mails pro Tag «schaffen».

Fragen Sie einmal die Ehefrauen oder LAPs (Lebensabschnittspartner) dieser Blackberry-Manager. Eine Erhebung des Internationalen Controller Vereins e. V. hat in einer Umfrage unter seinen 6000 Mitgliedern herausgefunden, dass über die Hälfte, nämlich 52,5 Prozent im Urlaub für die Firma erreichbar sind**. Zwei Jahre zuvor waren es noch 46 Prozent. Deutlich ist der Anteil jener

* Thomas Widmer: *Wortfolter in der Neuzeit.* «Weltwoche» Nr. 10/08, Seite 55.

** www.controllerverein.de: «Die meisten Controller schalten im Urlaub nicht ab.»

gewachsen, die sogar jederzeit erreichbar sind: 23,5 Prozent im Jahr 2007 gegenüber 11 Prozent im Jahr 2005. Selbst bei der Urlaubslektüre schaltet der deutsche Controller nicht ab. Befragt, was für ein Buch die Controller im bevorstehenden Urlaub lesen würden, gaben 19 Prozent an, ein Fachbuch für die berufliche Tätigkeit zur Hand zu nehmen*. Immerhin besteht die Hoffnung auf blackberryfreie Lektüre.

Bonus

→ *Motivation*

Bosse

«Wie managt man böse Chefs?», fragte der Zürcher «Tages-Anzeiger» zum 1. Mai 2007** und befragte einige besonders krasse Fälle. Hier ein Beispiel von Pit (Nachname wurde nicht publiziert), Angestellter eines global tätigen Finanzkonzerns: «Unser Chef ist Oberst, ein vollbetonierter Militärkopf. Schreiben Sie einfach: ein faschistisches Arschloch. Er wurde unserer Abteilung durch die Militärkollegen aus der Konzerleitung vor die Nase gesetzt. Und damit sitzen wir auf dem Friedhof. Irgendeine Idee, mit der sich einer von uns profilieren könnte, kannst du vergessen. Tausendmal probiert, immer ist bei ihm Endstation. Du schreibst deine Papiere für den Arsch! Obwohl: Er selbst ist allerdings ehrgeizig. Er schielt schon auf die Konzernleitung. Aber er ist ein Idiot. Er baut grausame Flops. Nach dem Börsencrash hat er alle Konzernimmobi-

---

* 46 Prozent wollten zu einem Roman und 17 Prozent zu einem Reiseführer greifen.

** «Tages Anzeiger»: *Wie managt man böse Chefs?*, 28. April 2007, Seite 49.

lien vermietet. Und jetzt? Mitten im Aufschwung müssen wir teuer zumieten. Millionenkosten!

Und dann beleidigt er alle anderen Abteilungsleiter. Als der Logistikchef, auch eine elende Flasche, nach dem Skiurlaub im Gips ging, klopfte er ihn auf die Schultern und sagte: ‹Ja, Skilaufen muss man können›. – Das war ja fast sympathisch, geil, hardcore. Aber dumm! Er schafft sich Feinde, so kommt er nie von uns weg in die Konzernleitung. Dadurch versaut er allen aus der Abteilung die Karriere.

Ich weiß, ich mache es auch falsch. Ich sollte meinem Chef helfen, Resultate zu bringen, irgendwelche Erfolge. Aber ich denke nur: du Wixer! Und schiebe eine ruhige Kugel. Dabei wäre ich von Natur aus ein geschaffiges Wesen. Ich würde gerne voll arbeiten. Aber in meinem Herzen fühle ich nur noch blankes Söldnerturm.»

Diese Geschichte ist ein schönes Beispiel, dass nicht nur die Affen den Zoo regieren.

→ *Vorbild*, → *Motivation*, → *Commitment*, → *Wertschätzung*

Botox-Change

Als Botox-Change bezeichne ich erfolgsfreies Change-Management, das nur an der Oberfläche wirkt, das Widerstände, Emotionen und Befindlichkeiten der Basis oberflächlich ausglättet. Typische Merkmale von Botox-Change-Managern sind: Excel-Sheet, Quick-Wins und Placebo-Kommunikation.

→ *Change Management*; → *Quick-win*; → *Placebo*

Bullshit

Bullshit, aus dem Amerikanischen, normalerweise: «Blödsinn», «Unfug»; auch «hohles Geschwätz» bzw. bezogen auf Redner: «Phrasendrescher».

Harry G. Frankfurt, ein amerikanischer Philosoph, legte 1986 erstmals eine 80-seitige Begriffserläuterung zum englischen Wort «Bullshit» vor. Es wurde jedoch erst 2005 zum Bestseller in den USA; die deutsche Ausgabe tut sich etwas schwer, da der Originalbegriff schwer übersetzbar ist (wörtliche Übersetzung: «Rindermist» mit entsprechenden fäkalderivativen Ableitungen). Ich empfehle, das Buch in der amerikanischen Originalfassung zu lesen. Das deutsche Buch «Bullshit» erschien im Suhrkamp Verlag.*

«Zu den auffälligsten Merkmalen unserer Kultur gehört die Tatsache, daß es so viel Bullshit gibt. Jeder kennt Bullshit. Und jeder trägt sein Scherflein dazu bei.» Mit diesen Worten beginnt der philosophische Bestseller, ein konzises, polemisches und provokatives Pamphlet.

Wir sind regelrecht umzingelt von Bullshit, inhaltsleerem Geschwätz, sprachlichen Hohlheiten, die irgendeinen Effekt erzielen, aber nichts aussagen wollen. Frankfurt analysiert den Begriff Bullshit und formuliert dabei die unangenehme Frage: Warum tolerieren wir so viel Bullshit, obwohl er doch ein größerer Feind der Wahrheit ist als die Lüge?

---

* *Bullshit* von Harry G. Frankfurt, Suhrkamp (2006), englische Originalausgabe: *On Bullshit* von Harry G. Frankfurt von B&T (2005). Amüsant und empfehlenswert sind auch Robert I. Sutton: *Der Arschloch-Faktor – Vom gescheiten Umgang mit Aufschneidern, Intriganten und Despoten im Unternehmen,* Hanser 2007, sowie Charles Lewinsky: *Der A-Quotient – Theorie und Praxis des Lebens mit Arschlöchern.* Haffmanns Verlag, Zürich 1994.

«Bullshit» ist ein Essay mit einem doch sehr speziellen Humor (der bei den meisten Philosophieprofessoren schlecht ankommt). Er hat sich mit akademischer und wissenschaftlicher Akribie eines Alltagsbegriffs angenommen, der wie ein Schlüsselwort für inhaltliche Entleerung steht: «Ist der Bullshitter seinem Wesen nach ein geistloser Banause? Ist sein Produkt in jedem Fall grob und unsauber gearbeitet? Das Wort *shit* verweist natürlich darauf. Exkremente sind niemals in besonderer Weise gestaltet und gearbeitet.»

«Während heiße Luft ein von jeglichem Informationsgehalt entleertes Reden darstellt, sind Exkremente Stoffe, denen jeglicher Nährstoffgehalt entzogen worden ist.»

Der Kerngedanke von Frankfurts Essay wird jedoch mit dem Vergleich zum Begriff der Lüge dargestellt. Die Lüge bezieht sich auf die Wahrheit. Durch das Leugnen der Wahrheit erkennt die Lüge jene als Faktum an. Bullshit dagegen ist von der Wahrheit gänzlich abstrahiert. Bullshit entsteht aus der Gedankenlosigkeit, etwas zu behaupten, was man gar nicht wissen kann.

«Gerade in dieser fehlenden Verbindung zur Wahrheit – in dieser Gleichgültigkeit gegenüber der Frage, wie die Dinge wirklich sind – liegt meines Erachtens das Wesen des Bullshits.»

Im Gegensatz zum Lügner, der absichtlich unwahre Behauptungen aufstellt und die Wahrheit daher auch kennen muss, interessiert sich der *Bullshitter* gar nicht für die Wahrheit, denn da es ihm nur um leeres Getue geht, hat er für sie keinerlei Verwendung. Somit ist der Bullshit für die Wahrheit eine noch größere Gefahr als die Lüge.

Der Vorgang ist nicht unbekannt. Oskar von Miller,

(1855–1934), Gründer der Deutschen Edison-Gesellschaft für angewandte Elektricität/AEG, bemerkte einmal: «Wer eine Menge großer Worte gebraucht, will nicht informieren, sondern imponieren.»

Und der Essaist Karl Kraus (1874–1936) meinte: «Es genügt nicht, keine Gedanken zu haben. Man muß auch unfähig sein, sie auszudrücken.»

Recht haben sie beide. Ihnen fehlte nur das richtige Wort, um es zu umschreiben: Bullshit.

Bullshit-Castle

So nannte der ehemalige Mercedes-Boss Jürgen Schrempp einmal die Konzernzentrale seines Unternehmens in Stuttgart-Möhrigen – übrigens lange vor seinem Aufstieg in den DaimlerChrysler-Olymp. Und tatsächlich erinnert es ein bisschen an den Palast des Volkes des rumänischen Diktators Ceaucescu.

Sein Nachfolger Dieter Zetsche hatte den Verkauf und den Umzug des Vorstands vom schicken Palast in das Motorenstammwerk von Mercedes-Benz nach Stuttgart-Untertürkheim kurz nach seiner Amtsübernahme verkündet, um damit ein Zeichen für den neuen Kurs zu setzen. Wünschen wir ihm, dass es hilft…

Bullshit-Bingo

Langweilige Besprechungen oder Seminare, nicht enden wollenden Konferenzen? Mit Bullshit-Bingo hat das ein Ende. In einer Tabelle (mit je 5 Blöcken vertikal, 5 horizontal) stehen 25 Bullshit-Worte. Zum Beispiel:

Synergie	*Globalisierung*	*Benchmark*	*Innovation*	*Kundenfokus*
Bottom-line	*Kommunizieren*	*Qualität*	*Team*	*Nachhaltigkeit*
Prozess	*Herausforderung*	*Commitment*	*Best Practice*	*Innovation*
Quick Win	*Report*	*Verantwortung*	*proaktiv*	*Roadmap*
Kernkompetenz	*lösungsorientiert*	*Challenge*	*Meilenstein*	*Erfolg*

Wie wird gespielt? Kreuzen Sie einen Block an, wenn Sie das entsprechende Wort während einer Besprechung, eines Seminars oder einer Telefonkonferenz hören. Wenn Sie horizontal, vertikal oder diagonal fünf Blöcke in einer Reihe haben, stehen Sie auf und rufen laut: «Bullshit!»

Bullshit-Generator

(engl. *bullshit generators,* auch *buzzword generators*) Das sind scherzhaft gemeinte Listen aus Phrasen und Fachwörtern der unterschiedlichsten Disziplinen, aus denen der Leser mit Hilfe von Schablonen oder Computerprogrammen zufällige und sinnlose Sätze erzeugen kann. Damit soll die leere Rhetorik auch ernstgemeinter Texte aus dem jeweiligen Fachgebiet persifliert werden, die oftmals überraschend echt wirken.

Burnout

Ein Phänomen der westlichen Arbeitswelt, ein unscharfer Begriff. Mediziner gehen davon aus, dass es Burnout als Krankheitsbild nicht gibt und tun es als Etikettenschwindel ab. Im real existierenden Sozialismus sprach man von «Helden der Arbeit», heute im real existierenden Kapitalismus bezeichnet Burnout einen Zustand zwischen Überforderung, Überarbeitung, Übererfüllung und Überangepasstheit. Ich kenne Leute, die machen den ganzen Tag nichts – und sie sind gestresst. Kommt dann eine Portion mehr als das tägliche Nichts dazu, sind sie überfordert. Folge: Die Work-Life-Balance kommt durcheinander (→ *Work-Life-Balance*).

Natürlich gibt es sie, die Kerzen, die an beiden Enden brennen. Aber die, die derart unter Strom stehen, sind selten Kandidaten für Burnout. Sie holen zu viel Lust aus diesem Zustand. Und damit fehlt eine von drei wissenschaftlichen Voraussetzungen für Burnout: Die emotionale Erschöpfung, denn bei diesem Beispiel ist noch eine Restmenge an Lustgewinn zu vermuten. Die andern zwei Voraussetzungen sind die Depersonalisierung (Zynismus,

Kundenhass, Hass auf Kollegen oder Chef) und die reduzierte Leistungsfähigkeit. Diese unscharfe Definition ließ einen ganzen Markt entstehen, vom Buchautor über Seminaranbieter, vom Kloster bis zum Wellnesstempel.

Heißt das, dass alle Ausgebrannten Weicheier wären? Die naheliegendste Erklärung für Burnout ist wohl eher darin zu sehen, dass vielen heute die Sinnhaftigkeit ihres Tuns abhanden gekommen ist. Wenn wie in der Bundesrepublik je nach Erhebung zwischen 10 und 20 Prozent der Befragten unter Burnout leiden – und gleichzeitig nochmals fast so viele arbeitslos sind, frage ich mich, wer dann letztlich die Wirtschaft stemmt. Ein Drittel hat sich ja schon abgemeldet.

«Neun von zehn Menschen, die mich wegen eines Burnouts kontaktieren, haben kein Burnout im strengen Sinn»*, so der Sozialpsychiater Wulf Rössler von der Psychiatrischen Universitätsklinik Zürich. Vielmehr sei der Begriff «zum Synonym für subjektives Leiden geworden. Die Arbeitswelt verlangt mir viel ab und ist mindestens mitschuldig, wenn es mir nicht gut geht.»** Wenn Chefs schlecht kommunizieren oder drangsalieren, wenn im beruflichen Umfeld wenig Wertschätzung herrscht, wenn kein faires Workload-Management da ist und die Pipeline nur gefüllt wird, kann das zwar auch zu Burnout führen. Aber warum in aller Welt muss ich dann solche Chefs ertragen? Macht kommt von Ermächtigung.

* Birgit Schmid, «Das Magazin» 07/2008, Seite 10.

** Ebenda.

Chefsache

Ist Ihnen schon aufgefallen, was alles Chefsache ist? Kommunikation ist Chefsache. Marketing ist Chefsache. Einkauf ist Chefsache. Weiterbildung ist Chefsache. Risiko-Management ist Chefsache. Konvergenz ist Chefsache. Entbürokratisierung ist Chefsache. Betriebliche Suchtprävention ist Chefsache. Ich führte eine Liste mit Publikationen, was alles Chefsache sei. Bei 57 Einträgen hörte ich auf, damit ich mir die Antwort auf die Frage ersparen konnte: «Warum brauchen die Chefs dann noch Mitarbeitende?»

Change Management

Ein Manager, der das ganze Leben lang mit Excel-Tabellen geführt hatte, kam in den Himmel. Da erlebte er zwei Überraschungen. Die erste war, dass er im Himmel angekommen war und nicht wie vermutet viel weiter unten. Die zweite Überraschung war, dass ihn Petrus an der Pforte darauf hinwies, dass auf Wolke sieben hinten links noch andere Excel-Manager säßen und dort eine Runde Bingo gespielt würde. Ob er denn mitmachen wolle, fragte ihn Petrus.

Nun, die Ewigkeit ist verdammt lang, warum nicht? Der Manager willigte also ein und bekam die ersten sechs Bingo-Zahlen: 50 – 97 – 52 – 72 – 71 – 77.

Das ist das Ende des lustigen Teils dieser Geschichte, denn diese Zahlen stehen für Folgendes:

- Über 50 Prozent aller Change-Management-Projekte zeichnen sich durch Erfolgsfreiheit aus (→ *Fusionen*).
- 97 Prozent der befragten Führungskräfte in einer Erhebung der Change Factory Unternehmensberatung nannten Flexibilität als wichtigste Anforderung an einen Mitarbeitenden, um erfolgreich im Change bestehen zu können.*
- Auf ihre eigenen Ängste in Bezug auf Veränderung angesprochen, nannten 52 Prozent derselben Führungskräfte: Angst davor, nicht zu wissen, wie es weitergeht …»**
- Die Change Factory machte eine weitere Umfrage bei 278 CEOs und HR-Managern. Auf die Frage: «Welches sind die Ihrer persönlichen Ansicht nach die wichtigsten Treiber von Unternehmenskultur?», antworteten 72 Prozent mit «Vorbildwirkung der Vorgesetzten».***
- In derselben Befragung nach der eigenen Unternehmenskultur befragt («Wenn Sie könnten, würden Sie gerne etwas an Ihrer Unternehmenskultur ändern?»), antworteten 71 Prozent der Manager mit Ja (Merke: die 72 Prozent und die 71 Prozent waren identische Personen!).
- Die letzte Zahl, die 77, steht für 87 Prozent der befragten Schweizer Firmen, die ein Leitbild oder eine

---

* Quelle: Befragung von 562 Führungskräften in der Schweiz durch Change Factory AG Zürich. Vgl. Hans Rudolf Jost: *Der Change Navigator – im Wandel wachsen.* Verlag A & O des Wissens, Zürich 1998.

** Ebenda.

*** Expertenbefragung zum Thema Unternehmenskultur bei 278 CEOs und HR-Managern. Vgl. Hans Rudolf Jost: *Unternehmenskultur – wie weiche Faktoren zu harten Fakten werden.* Orell Füssli, Zürich 2002.

kommunizierte Vision haben (und das ist jetzt kein Schreibfehler). Von den 562 befragten Führungskräften antworteten 77 Prozent auf die Frage: «Wie viel hat Ihr Leitbild mit dem gelebten Alltag zu tun?», mit «nicht viel!»* (→ *Leitbild)* Nach dieser Bingo-Runde lässt es sich einfacher nachvollziehen, warum dieser Excel-Sheet-Manager erstaunt war, dass er im Himmel gelandet ist. Leitbilder sind und bleiben ein *running gag* in allen Seminaren; beim Thema richten sich die Augen markant gen Himmel.

→ *Widerstand*

Changeability

Haben Sie schon mal versucht, Ihre Ehefrau zu ändern? Oder gar Ihren Ehemann? Dann wissen Sie aus Erfahrung, wie weit das menschliche Wesen veränderbar ist. Changeability bezeichnet die Fähigkeit von Individuen zur Veränderung. Erfahrungsgemäß ist jedoch dieses Individuum kaum fähig, sich nachhaltig zu verändern. Werthaltungen zum Beispiel verändern sich kaum bis nie. Erfolgreiche Unternehmen achten bei der Rekrutierung zunehmend auch auf die Persönlichkeit und die Werthaltungen eines zukünftigen Mitarbeiters und darauf, dass diese persönlichen Werthaltungen eine möglichst hohe Schnittmenge mit den gelebten Werten der Organisation aufweist. Dieser «kulturelle Fit» ist darum wichtig, weil job-bezogene Fähigkeiten oder Leistungsmerkmale schneller veränderbar sind als Werthaltungen. Firmen wie IKEA wählen konsequent

* Quelle: Befragung von 562 Führungskräften in der Schweiz durch Change Factory AG, Zürich. Vgl. Hans Rudolf Jost: *Der Change Navigator – im Wandel wachsen.* Verlag A & O des Wissens, Zürich 1998.

Mitarbeitende auf der Basis von Einstellungen, Werten und des kulturellen Fits mit der Organisation aus.
→ *Führung*

Commitment

Laut Gallup «verspüren 88 Prozent der deutschen Arbeitnehmer ihrer Arbeit gegenüber keine echte Verpflichtung».*

Compliance

Compliance (englisch: Befolgung) regelt den Sündenfall, verhindert jedoch nicht die Sünde. Nach verschiedenen Reputationsschäden von großen Unternehmen ist eine regelrechte Compliance-Industrie entstanden. «Compliance-Magazin.de» (ja, sowas gibt es) befragte über drei Monate hinweg seine Leser zum Thema: «Compliance: Ein Fass ohne Boden?»

766 Leser (immerhin ist anzunehmen, es handle sich bei diesen Lesern um Compliance-Spezialisten) nahmen an der Umfrage teil. Das Endergebnis zeigt das Dilemma: Nur jeder siebte sieht Einhaltung der Compliance in seiner Organisation als unproblematisch an.** Wie unbedarft viele Führungskräfte im Umgang z. B. mit hochvertraulichen Unternehmensdaten sind, zeigt folgendes Beispiel: «Man sitze an einem beliebigen Tag in einer Flughafenlounge und beschäftige sich mal ein wenig genauer mit den dort aufgestellten öffentlichen Computern. Direkt auf dem Desktop findet man einen Ordner ‹Downloaded Attachments› – und darin befinden sich reihenweise Do-

* *Arbeitsplatz-Engagement in Deutschland*, Gallup GmbH, Potsdam 2003.
** www.compliance-magazin.de, 24.01.2007.

kumente, die wohl mal Attachments von E-Mails waren. 460 Stück an der Zahl. Bequemerweise kann man diese Dokumente auch gleich auf seinen USB-Stick ziehen und anschließend gemütlich ansehen. Und alles ist dabei: Einladungen von der UN, Geschäftszahlen, Kontaktlisten, Fotos von Meetings an Whiteboards (mit dem Namen Sarkozy.pdf – was da wohl besprochen wurde?), X509-Zertifikate, Produktionspläne, Meeting-Notizen, Lebensläufe, Kaufverträge, Rechnungen – kurz: einfach alles.

Offensichtlich herrscht beim durchschnittlichen Business-Kasper absolut keinerlei Sicherheitsbewußtsein darüber, daß man nicht auf x-beliebigen öffentlichen Computern seine E-Mails liest und da auch noch seine Attachments speichert und anschließend nicht mal löscht. Da kann man einfach nur den Kopf schütteln. Wahrscheinlich alles Mitarbeiter von Organisationen und Firmen, wo die Administratoren ganz stolz auf ihre Firewalls und die Manager noch stolzer auf ihre Sicherheitsdienste am Eingang sind. Wie immer kommt die Bedrohung von innen. Die menschliche Dummheit wird manchmal anscheinend durch nichts übertroffen.»*

Oder setzen Sie sich in eine nordamerikanische oder mitteleuropäische Morgenmaschine, die in der Regel vorwiegend von Excel- und Powerpoint-Junkies besetzt ist: Wagen Sie einen Blick über die Schulter Ihrer Vordermänner, und Sie wissen alles, worüber die Leute in den Sitzungszimmern dieser Welt heute reden werden. Oder noch einfacher: Sie setzen sich in ein Erstklassabteil eines IC-Zuges und hören sich all die hektischen Handy-Mo-

* Quelle: Stimme-der-freien-welt.de/category/mac_und_tech.

nologe an. Ziemlich sicher kennen Sie bald alle Rabattstufen und Konditionen, Schwachstellen, Be- und Entförderungskandidaten, Benchmark-Zahlen und all das andere Gelaber, das gemeinhin unter den Begriff «Vertraulichkeitsvereinbarungen» fällt. Wirtschaftsspionage war noch nie so einfach. Und so langweilig. Ach ja, da war noch was: In der Bankenkrise, ausgelöst durch das US-Subprime-Debakel, wurden alle Compliance-Vorschriften eingehalten. Und dies in einer Branche, die zu den Vorreitern im Risk-Management und in der Compliance gehört…

Consultants

Zugegeben, bei dem Thema bin ich befangen. Aber aus der Helikopterperspektive betrachtet, muss man festhalten: Es gibt sie, die Fälle, in denen Berater keinen Schaden anrichten, in denen Organisationen externes Know-how zugeführt wird, wodurch sie schneller und besser auf Zielkurs kommen. Es gibt aber auch das Gegenteil, wo die Berater zum Selbstbeschäftigungsgrad beitragen, Teil der Politik oder gar okkulte Parallel-Organisation sind.

Es gibt sie, die Fälle, in denen all die Vorurteile zutreffen, wo entscheidungslahme Executives und ihre willfährigen Berater mit ihren dunkelgewandeten Studienabgängern Manntage produzieren, die primär die Beratungsunternehmen weiterbringen. Grundsätzlich ist nichts einzuwenden gegen die unabhängige Sicht eines Beraters, gegen den Know-how-Transfer von einer Branche in die andere, gegen die Objektivität und die Kompetenz und gegen die Vertraulichkeit einer Arbeitsbeziehung. Oft jedoch dienen Berater der Machtpromotion, werden als Bypass eingesetzt, um uneinsichtige Vorgesetzte auf Linie zu bringen. Aber dass die mit exzessivem Stolz und teilweise arrogant auftretenden Consultants, die Alchimisten der Neuzeit, die knallharten Kostendrücker, die «Ledernacken des Kapitalismus», die Trendsurfer mit ihren Zeitgeist-Powerpoint-Folien, so klaglos akzeptiert werden, ist schon recht erstaunlich.

Das «Up-or-out»-Konzept der Beratungsunternehmen, die sklavenähnlichen Arbeitsbedingungen (zu zugegebenermassen hohen Gehältern) zwingen die Berater, finanziell erfolgreiche Projekte vorzuweisen. Tiefe Analysen, Denkpausen und kreative Arbeit bleiben gern auf der Strecke. Konzepte, die wirklich anders sind, kommen nicht zur Sprache. Und mit ihren Alumni-Netzwerken ehemaliger Mitarbeiter werden alte Kunden gebunden und Neukunden infiltriert.

Aber Hand aufs Herz: Warum muss für ein thüringisches 500-Seelen-Dorf eine Studie zum Thema «Gender-Mainstreaming in der Dorferneuerung» gemacht werden?* Mit gütiger Hilfe externer Berater. *Any explanation? Trash for cash.* Da halt ich's mit Machiavelli: «Der Fürst, der nicht weise ist, kann auch niemals weise beraten werden.»

Controlling

«Ich vertraue nur Systemen, die ich selbst bescheißen kann», sagte mir mal ein Controller. Der Schweizer Schriftsteller und Dramatiker Thomas Hürlimann nennt dies «Milieuintelligenz» und bezeichnet damit die Gabe, sich sofort auf ein Umfeld einlassen zu können, schnell zu begreifen, welches die formellen und informellen Regeln

* Thomas Leif: *Beraten und verkauft – der große Bluff der Unternehmensberater,* Bertelsmann, München 2006.

sind, welches die formellen und informellen Meinungsführer sind und welche Rituale und Tabus wann zu bedienen sind. Als Beispiel nennte er die Klosterschule, die ihn zur Milieuintelligenz ausgebildet hatte (nicht bewusst natürlich) und die Rekrutenschule.

Erhellendes sagte dazu ein Physiker, der in Forschung & Entwicklung eines Schweizer Weltkonzerns arbeitet*: «Es gibt eine klare Übereinkunft auf der mittleren Führungsebene, die Firma funktionieren zu lassen. Und diese funktioniert, wenn die Angestellten jeweils nicht genau tun, was das Management will. In den Neunzigerjahren etwa führte man bei uns Time-related-Management ein. Das hieß: Du musstest für jede Viertelstunde aufschreiben, was du gerade getan hast. Ein Riesenpapierkrieg. Wir haben zwei Wochen gelitten, dann hat jemand von uns ein Computerprogramm geschrieben, das die Formulare für die ganze Forschungsabteilung ausfüllte – und zwar so, dass alle Budgets eingehalten wurden – natürlich mit leichten Abweichungen. Wenn wir miteinander sprachen, fragte manchmal einer: ‹Meinst du das jetzt faktisch oder deklarativ?› Denn darum geht's, wenn die Kontrolleure Druck machen: Du musst ihnen auf dem Papier geben, was ihnen gefällt. Dann kannst du vernünftig arbeiten.»

Dazu noch den: Ein Mathematiker, ein Theologe und ein Controller bewerben sich um eine Controlling-Stelle in einem Konzern. Nachdem sie alle Hürden überwunden haben, werden sie zu einem letzten Vorstellungsgespräch mit dem Vorstandsvorsitzenden eingeladen. Der Vorstandsvorsitzende bittet zunächst den Mathematiker her-

* «Tages Anzeiger», 28. April 2008: *Wie managt man böse Chefs?*, Seite 49.

ein und stellt ihm die Frage: «Was ist Zwei plus Drei?» Der Mathematiker begibt sich zum Flipchart, leitet dort das Ergebnis nach allen Regeln der mathematischen Kunst ab und kommt zum Ergebnis: Fünf.

Der Manager bedankt sich und bittet nun den Theologen herein. Nachdem er die Frage vernommen hatte, begibt er sich zum Flipchart und leitet dort anhand der Bibel das Ergebnis ab. Er kommt zu dem Schluss, dass es «gut Vier» und «knapp Sechs» sein müssten und legt sich schließlich auf Fünf fest. Der Vorstandsvorsitzende ist sichtlich beeindruckt.

Er bittet zuletzt den Controller herein. Als der die Frage vernommen hat, stürzt er zu den Fenstern, schließt sie und verdunkelt den Raum. Dann tritt er ganz dicht an den Manager heran, beugt sich zu ihm herab und fragt flüsternd: «Was soll denn herauskommen?» – Er hat den Job bekommen.

Coprorate Communications

→ *Placebo*

Cost cutting

→ *Outsourcing*

D

Dada-Management

Dadaismus ist eine Kunstform, in der das Leere, das Sinnfreie im Vordergrund steht. Die Werke sind Resultat von einfachen, willkürlichen, meist zufallsgesteuerten Aktionen in Bild und Wort. Dada-Management hat konsequenterweise sich selber zum Ziel und Selbstzweck. Es ist, weil es ist. Es beschäftigt sich mit sich selbst. Es bringt Leerformeln, Worthülsen, sinnfreie Rituale (→ *Hierarchie*) und Machtspiele aus der Tiefe des Nichts hervor. Corporate Infight, Angst, Misstrauen und Kontrolle, Bürokratie, Einhalten von Regeln sind Antrieb, Stillstand und Bewahrung das Ideal, Sinnfreiheit das Resultat.

Denglish

Manch ein Chief Executive Officer castet seine Crew nicht allein durch das Human Ressources Department, sondern holt Support für das Development des Human Capitals bei externen Consultants.

In einem Assessement erfolgt ein Audit über die Personal Soft Skills, die Employability und das Performance Readiness dieser High Potentials. Dazu braucht es vorgängig das o.k. des Purchasing Departments, oft mittels E-Procurement, um den Head of Compliance zu pleasen.

Zu den Basics von Leadership gehört by-the-way, dass jedem Proposal ein Short Cut als Management-Summary mit den wichtigsten Bullet-Points gesummarized wird. Anderenfalls ist es schwierig, das Commitment des Boards zu expecten. Dies gilt auch für die Eggheads von Research

& Development, die für solche Centralized Shared Processes schwer zu alignen sind. Dies muss in einem Workshop empowered werden, der Feedback zu solchen Events ist selten nur positiv, aber noch in der Critical Mass. Ein Brainstorming mit dem Marketing Department und dem Team von Product Development soll die Feasability von alternativen Fallback-Scenarios challengen. Frame Condition dazu ist optimales Workload-Managment, damit die Work-Life-Balance aktiv gemanaged wird, um Burnout zu vermeiden. Sonst bleibt alles nur ein good Try ohne sustainable Impact, der Kick-out aus der Champions Leage ist ein Must und ein Flop nur ein Mouseclick vom Standalone entfernt. Die Consequence ist: Deadline verpasst und der USP ist gleich zero. Shit happens, Baby, aber dies ist der Highway to Hell für se Tschörmen Längitsch.

Deregulierung

Wenn die Politik im Markt mitmischt, kommt es selten gut. Das heißt aber noch lange nicht, dass Adam Smith' «unsichtbare Hand» des Marktes sich automatisch immer dann sehen lässt, wenn man sie bräuchte. Deregulierte Energiemärkte führten zu nie dagewesenen Versorgungszusammenbrüchen im Vorreiterland USA. Und von den erwarteten Vorteilen für die Kunden ist auch heute noch wenig zu sehen, im Gegenteil – die Preise steigen.

Nach meiner Erfahrung ist das Hauptproblem weniger der Markt als die Leistungskultur dieser Unternehmen: Wer sich zu Beginn einer Karriere für einen Arbeitgeber in einem regulierten Markt entschieden hatte, entschied sich im Grunde für eine beamtenähnliche Laufbahn und für Sicherheit und Berechenbarkeit. Und nun sollten diesel-

ben Menschen plötzlich marktorientiert und dynamisch agieren, Unsicherheit und Komplexität umarmen? Ein kulturelles Paradoxon, das nur die wenigsten Organisationen schaffen.
→ *New Public Management*

Diversifikation
Wie das Pendel einer spätviktorianischen Standuhr, nur viel langsamer, pendelt es hin und her: Diversifikation – angesagt in den 70-ern und 80-ern, Fokussierung auf das Kerngeschäft in den 90-er und Nullerjahren. Die Management-Moden kommen und gehen. Mal wird das zyklische Geschäft breiter abgestützt und zugekauft. Mal wird fokussiert und abgestoßen. Wer am besten davon lebt, sind nicht die Uhrmacher, sondern die Strategieberater und die Investmentbanken. Mal verdienen sie beim Zusammenstellen des Puzzles. Und dann wieder beim Auflösen.
→ *Fusionen*

Doktortitel
Ich habe immer ein ungutes Gefühl, wenn mir ein Gegenüber erklärt: «Lassen Sie den Doktortitel ruhig weg», vor allem, wenn er auf der Visitenkarte steht. Der Grund ist ganz einfach: Promovierte Führungskräfte verdienen jährlich rund 13 000 Euro mehr als solche, die keinen Doktortitel besitzen.* Und wussten Sie, dass prämierte Akademiker länger leben als unprämierte? Britische Forscher der Warwick Universität in Coventry fanden heraus, dass Träger des Nobelpreises durchschnittlich länger

* Jochen Mai: *Der Boss in Zahlen,* www.karrierebibel.de

leben als Wissenschaftler, die dafür nur nominiert waren.*

* Die Auswertung der Daten von Wissenschaftlern, die zwischen 1902 und 1950 einen Nobelpreis erhielten oder dafür nominiert waren, zeigt: Nobelpreisgewinner werden durchschnittlich 77,2 Jahre alt, Nominierte nur 75,8 Jahre. Auch für Oscar-Preisträger wies eine Studie nach, dass Gewinner älter werden als nicht berücksichtigte Nominierte. Quelle: Kirstin Wenk in «Die Welt», 16. April 2007.

E

Effizienz

→ *Post Merger Intergration PMI*

Eigenverantwortung

Stichwort, das in fast jedem Führungsgrundsatz gefordert, aber selten wirklich eingeräumt wird.

→ *Intrapreneurship*

E-Mail

Verbreitet ist der Irrtum, E-Mail trage zur Effizienzsteigerung bei. Eine in Deutschland, Großbritannien, Schweden und Dänemark durchgeführte Studie hat hochgerechnet, dass der Mensch mit Internet-Anschluss im Schnitt insgesamt dreieinhalb Jahre seines Lebens mit nutzlosen E-Mails verbringt.* Noch schlimmer: Jedes irrelevante E-Mail zieht vier bis sechs Follow-up-Mails nach sich – eine riesige zeitverschlingende Lawine an Bedeutungslosigkeit. Je nach Erhebung ist ein Mitarbeiter zwischen 60 und 80 Minuten täglich mit E-Mail-Kommunikation beschäftigt. Das macht über 200 Millionen Stunden pro Woche allein in Deutschland.

Ein Top-Shot einer weltweit führende Pharma-Firma vertraute mir mal an: «Wenn ein E-Mail mehr als fünf Namen auf dem Verteiler hat, wird es ungelesen gelöscht.» Der Mann ist übrigens bestens informiert.

---

* Empirische Studie von Claudia Deutsch: *Creative Industries & Shapeshifters – Identifikation von Qualitätsindikatoren einer globalen Wissensgemeinschaft.* VDM-Verlag. 2007.

Bei einem großen deutschen Autobauer beauftragten wir die IT nach einem Strategie-Workshop, die bcc-Funktion in den E-Mail-Programmen zu deaktivieren. Es wurde damit zu viel versteckte Politik betrieben: «Nicht nur, dass in jedem Mail zur Absicherung zusätzlich 15 Namen auf dem Verteiler landen, es wird mit der bcc-Zeile auch noch Politik gemacht.» Ein anderes Beispiel: Gesetzte Termine in E-Mails sind nur verbindlich, wenn sie im Vorfeld ausgehandelt wurden. Eine schöne Idee versuchte ein Kunde von mir: Der E-mail-freie Freitag, was so viel hieß, dass an diesem Tag keine internen Mails verschickt werden dürfen. Es blieb freilich beim Versuch.

Emotionen

Einer der größeren Bullshits, die in Management-Literatur und Seminaren nicht tot zu kriegen sind, behauptet, die Sachebene und die emotionale Ebene seien zu trennen. Haben Sie das schon mal bei Ihrer Lebenspartnerin versucht? So quasi stoisch im Konflikt in der Brandung der Emotionen zu stehen und zu sagen: „Schatzi, jetzt müssen wir aber die Fakten und Deine Emotionen objektiv auseinander halten», oder noch fataler: «Liebling, jetzt werde doch nicht schon wieder emotional». Das kommt selten gut. Emotion und Sache kann man nicht trennen, man kann höchstens die verschiedenen Ebenen beobachten.

«Was zählt, sind Fakten, Fakten, Fakten, alles andere ist Kuschelromantik.», «Gefühle, das ist etwas für zuhause.», «Gefühle, das ist für Frauen», so die unausgesprochene Grundannahme eines durchschnittlichen mitteleuropäischen Managers.

Gefühle werden der Kategorie Feng-Shui-Management,

also der berührungslosen Wohlfühl-Basisdemokratie zugeordnet. Dabei wissen wir spätestens seit Freud und Jung sowie seit den Erkenntnissen der neueren Hirnforschung, dass Gefühl und Entscheidung gar nicht getrennt werden können. Und dass diese rationale Kraftmaschine Mann, ob er es will oder nicht, von Gefühlen gesteuert wird. Fragen Sie einmal, was die einschneidensten Entscheidungen im Privatleben eines Menschen waren und welche Gefühle er dabei hatte. Mit großer Sicherheit werden Hochzeit sowie die Geburt des Kindes genannt – zwei Themen, die selten emotionslos ablaufen. Oder denken Sie über Ihre größten Investitionen im Privatleben nach. Meist ist es das Auto oder der Kauf/Bau eines eigenen Hauses. Zwei bekanntermaßen völlig emotionsfreie Themen … Jede Bindung läuft über Emotionen. Als Lebenspartner, als Kunde, als Mitarbeiter, als Staatsbürger oder als Investor. Meist über positive Emotionen, die zum Beispiel Erfolg mit sich bringen. Die Skala der Emotionen zeigt aber auch: Wo Licht ist, da ist auch Schatten.

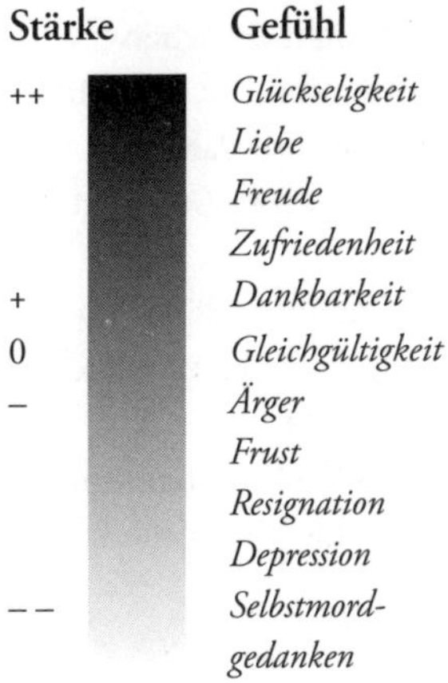

Die Skala der Gefühle

Nun ist es natürlich für eine Führungskraft schwieriger, mit den negativen Emotionen umzugehen als mit den positiven. Deshalb gehe ich ihnen aus dem Weg, oder ich sublimiere sie in ganz besonderer Weise. «Das Spiel der Macht zu erlernen, erfordert eine gewisse Art, die Welt zu betrachten, eine Verlagerung der Perspektive», schreibt Robert Greene.* Die Beherrschung der eigenen Gefühle und die Kunst der Täuschung sind, so fährt er fort, absolut erforderlich. Kaum erstaunlich, dass Führung deshalb vorwiegend als «Beziehungsvermeidungsstrategie» praktiziert wird.

Entscheiden

Kennen Sie das 5/12-er Prinzip? Entscheiden Sie nie im …
… Januar, denn da sind Sie gerade erst gestartet
… Februar, denn da sind die meisten im Skiurlaub
… im Juli und August, da sind alle im Urlaub
… im Oktober, dann haben Sie nämlich keine Zeit, weil Sie begründen müssen, warum Sie das diesjährige Budget nicht erreichen
… im November, da erstellen Sie nämlich die Budgets für das nächste Jahr
… im Dezember, da sind die Jahresabschluss-Essen

Gut sind aber März, April, Mai und Juni; da entscheiden wir wie verrückt, und auch im September entscheiden wir wie verrückt.

Falls Sie Entscheidungen eine Idee rationaler abstützen wollen, hier die Erkenntnisse von einem der führenden

* Robert Greene: Power. *Die 48 Gesetze der Macht.* dtv, München 2006.

Hirnforscher, Professor Gerhard Roth: «Es gibt keine Trennung von Verstand, Vernunft und Gefühlen: Wahrnehmungen, Kognition und Gefühle durchdringen sich stets. Rein rationales Entscheiden ist unmöglich, denn an jeder rationalen Erwägung ‹klebt› untrennbar die emotionale Bewertung. Es gibt ein rationales Abwägen von Handlungen und Alternativen und ihren jeweiligen Konsequenzen, es gibt aber kein rationales Handeln. Am Ende eines noch so langen Prozesses des Abwägens steht immer ein emotionales Für oder Wider.»*

→ *Zielkonflikte*

Ethik

Noch ist das Thema Ethik für viele Bosse etwa so sexy wie einen Frosch küssen zu müssen: Ethik ist nützlich, aber doch meist hinderlich. Ethik und Management sind ein Begriffspaar, das inflationär verwendet wird – leider mit viel Wunschdenken, da sich im Falle eines Zielkonfliktes immer die Effizienz und selten die Ethik durchsetzt.

Kennen Sie die Geschichte vom Boss und dem ungeküssten Frosch? Am Sonntagmorgen joggt der Boss im Wald. Plötzlich spricht ihn am Wegrand ein Frosch an: «He, küss mich!». Verwundert und verwirrt bückt sich der Boss und hebt den Frosch auf. Dieser wiederholt: «Küss mich! Wenn Du mich küsst, verwandle ich mich in eine hübsche Prinzessin und erfülle Dir alle Wünsche dieser Welt.» Der Boss schüttelt den Kopf und steckt den Frosch in die Tasche. Er joggt weiter, aber der Frosch bleibt hartnäckig: «He Mann, nimm mich raus aus der Tasche und

* Gerhard Roth: Höchstleistung. In: *Spurwechsel.* Murmann-Verlag, Hamburg 2006, Seite 35.

küss mich!». Der Boss joggt weiter. Und der Frosch ruft und ruft. Zuhause angekommen nimmt der Boss den Frosch heraus. Dieser fragt verwundert: «He Boss, küss mich, ich bin eine hübsche Jungfrau und werde alles für Dich tun, wirklich alles! Warum in aller Welt küsst Du mich denn nicht?» Der Boss lächelt verschmitzt und wendet sich zum Frosch: «Weißt Du, ich habe alles und kann alles kriegen. Aber einen sprechenden Frosch – das hat keiner.» Jeder ist sich halt selbst der nächste.
→ *Leitwerte*

Euphemismen

Wörter, mit denen ich etwas verhüllen, beschönigen und aufblähen will.
→ *Worthülsen*

Experten

«Experten sind Menschen, die zu allem eine Meinung, aber von nichts eine Ahnung haben.» Seufzer einer beratergebeutelten Führungskraft.

F

Feedback

→ *Kommunikation;* → *Autisten-Selbsthilfegruppe*

Feindbild

Nichts ist so hilfreich wie ein gutes Feindbild. Der Gründer der Massenpsychologie, der Franzose Gustave Le Bon, schreibt, um Massen zu beeinflussen, benötige man ein gutes Feindbild. Gemäß einer Studie von Rolf Berth sind Unternehmen, die ein «eindeutiges Bild ihrer Wettbewerber und ein klares Ziel haben, sie zu übertrumpfen», um den Faktor 2,03 erfolgreicher, als diejenigen Unternehmen, in denen dies nicht der Fall ist.*

Filz

→ *Netzwerke*

Flexibilität

Auf die Frage, was die wichtigste Eigenschaft eines Mitarbeiters im Change sei, antworteten 97 Prozent der befragten Führungskräfte mit «Flexibilität».** Am liebsten ist ihnen also die handzahme Windfahne, die jedes Tschagga-tschagga sofort begeistert mitsingt. Interessant kontrastiert hier das Eingeständnis derselben Führungs-

* «Welches sind die wichtigsten Faktoren für den Erfolg eines Unternehmens?» Dieser Frage ging Dr. Rolf Berth nach, als er 27 verschiedene Faktoren in europäischen Firmen über einen Zeitraum von acht Jahren untersuchte. Publiziert in Rolf Berth: *Erfolg.* Econ, München 1995.

** Hans Rudolf Jost: *Der Change Navigator – im Wandel wachsen.* A & O des Wissens, Zürich 1998, Seite 45.

kräfte: Im gleichen Fragebogen (aber an anderer Stelle) nach den eigenen Ängsten befragt, konstatierten 67 Prozent Ängste bezüglich des Tempos des Wandels, 60 Prozent bezüglich der Unberechenbarkeit des Wandels und 53 Prozent Angst, «etwas ganz anderes machen zu müssen.»* Flexibilität ist also gefordert, solange es nicht einen selbst betrifft.

→ *Change Management*

Frustkaufen

Häufige kompensatorische Tätigkeit der männlichen Manager-Spezies nach emotional belastenden Tätigkeiten wie Vertragskonditionen in aussichtsloser Position neu aushandeln, Abteilungen über deren Schließung informieren, nach Kündigungsgesprächen das «gegenseitige Einvernehmen» schönreden, sich mit dem Betriebsrat auf eine neue Teppichfarbe einigen, die französische Filiale von der neuen zentralen Strategie überzeugen usw.

Führung

In einem sehr erfolgreichen deutschen Konzern mit über 10 000 Mitarbeitenden baten wir 25 Top-Führungskräfte, ihren Führungsstil mit drei Eigenschaften bzw. Stichworten zu umschreiben. So sahen sich die Chefs selbst; das ist die Liste, die zusammenkam:

So führe ich (Selbstbild):

– *Leidenschaft:* Ich führe mit Leidenschaft.

* Ebenda Seite 39.

- *Spaß/Wohlfühlfaktor:* Zwischen Leistungsdruck und Machbarkeit, mit Spass, freudig und motivierend.
- *Offenheit:* Offener Führungsstil, neugierig, Fehlerkultur entwickeln, situativ, kooperativ, Freiräume schaffend, unbewusst/instinktiv.
- *Eigenverantwortung:* Ich führe, in dem ich Stärken und Schwächen ausgleiche. Delegierend, selbstständig, kommunikativ und freundlich; fordernd, Eigenverantwortung und Selbstständigkeit fordernd und fördernd. Freiräume (drei Nennungen): mit- und vorausdenken, selbstständig, selbstbewusst.
- *Vertrauen:* Vertrauen schaffen, vertrauend; optimistisch/positiv (Chancen statt Probleme sehend), Wertschätzend (zwei Nennungen) Transparenz; Kontrolle ist gut, Vertrauen ist besser, verantwortungsvoll, Menschlichkeit als hohes Gut.
- *Dialog/Feedback:* Offen (fünf Nennungen), klar, konfliktbereit, ehrlich (acht Nennungen) und direkt (zwei Nennungen); Offener Umgang untereinander; Ansprache von Problemen; kritikfähig/konstruktives Feedback (vier Nennungen); zuhören, hinschauen, ansagen; dialogorientiert (zwei Nennungen), tolerant.
- *Motivierend, integrierend:* Motivation durch Vorbild gleich Kompetenz, integrierend (drei Nennungen), kooperativ, aber bestimmt; delegierend, aber nah.
- *Loyalität und Verbindlichkeit:* Loyal (fünf Nennungen) und verbindlich (drei Nennungen); fordernd und fördernd (je drei Nennungen), authentisch, verlässlich, echt.
- *Zielführend:* Ich führe, um etwas zu bewirken; zielführend wirksam; resultatorientiert, zielorientiert (drei

Nennungen), ziel- und ergebnisorientiert (drei Nennungen), Problembewusstsein schaffen, Entscheidungsräume aufzeigen, Orientierung, Kommunikation, Entscheidung; ganzheitlich, Zielvorgaben (nicht Lösungsvorhaben), Meilensteine («Milestones»).
- *Produktorientiert/unternehmerisch:* Leistungsbereitschaft/hohe Leistungsbereitschaft (zwei Nennungen), Lösungsorientierung, Lernfähigkeit/Lernbereitschaft, Teamfähigkeit.

Diese doch sehr lange Liste liest sich wie die zeitgleiche Umschreibung von Jesus und Superman, vereint in einer Führungsperson. Man findet sie oft auch in Management-Handbüchern. Aber kommt das Selbstbild, mit dem sich «oben» sieht, «unten» genauso an? In demselben Konzern erhielten wir im Rahmen einer Kulturanalyse, die wir bottom-up durchführten (allerdings immer noch mit Führungskräften der zweiten und dritten Führungsebene) folgendes Feedback:

Die Sicht der Mitarbeitenden (Fremdbild):
- lange Entscheidungswege
- Hierarchie/Bürokratie
- künstlicher Termindruck, übereilte Aktionen,
- überhastete Entscheidungen
- mangelnde Wertschätzung
- Fehlendes Einfühlungsvermögen, Nichtwahrnehmen des Problems
- fehlende Offenheit/Ehrlichkeit
- fehlende Kommunikation und fehlende Bereitschaft zur Kommunikation

- Sicherheitsdenken, Angst
- zu zentralistisch und dirigistisch,
- Bereichsegoismus, schlechte Bereichsabstimmung, mangelnde bereichsübergreifende Führung
- zu wenig Vertrauen in Mitarbeiter/Anwender
- zu technikorientiert

Die gemeinsam mit den Führungskräften erarbeitete Kulturanalyse ergaben drei dysfunktionale Dimensionen:
1. große Misstrauens- und Angstkultur
2. starke Bereichsegoismen und Silodenken
3. ausgeprägte Absicherungsmentalität und -politik

So unterschiedlich können Selbst- und Fremdwahrnehmung zuweilen in Chefetagen ausfallen.

In einer weltweit führenden Großbank erarbeiteten wir ein ähnliches Bild (zusammen mit Führungskräften der zweiten und dritten Ebene). Befragt nach der Schnittmenge zwischen persönlichen Werten (also Werte, die einem persönlich im Leben sehr wichtig sind) und den aktuell gelebten Werten im System (also so wie der Einzelne das System erlebt, nicht kommunizierte PR-Werte), listeten die Führungskräfte Folgendes auf:

Kognitive Wertelandschaft (subjektive Wahrnehmung)*

Persönlich	*Im System*
Vertrauen (12)	*Einzelkämpfertum/Egoismus (9)*
Gerechtigkeit/Fairness (11)	*Profitorientiertes Denken/ Profitsucht/Geldgier (5)*

Persönlich	*Im System*
Zuverlässig (10)	*Missgunst/Neid (4)*
Ehrlichkeit (11)	*Gärtchendenken (3)*
Toleranz (8)	*Chaos/Unsicherheit (3)*
Respekt (7)	*Absicherungskultur (2)*
Offenheit (5)	*Status/Neid (2)*
Anerkennung/ Wertschätzung (4)	*Misstrauen (2)*
Glaubwürdigkeit/ Authentizität (3)	

(Anzahl der Nennungen in Klammern)*

Die linke Kolonne zeigt die Werte, die Führungskräfte als wichtige persönliche/private Werte im Leben für sich definieren. Die rechte Spalte zeigt die koginitiv wahrgenommenen, also real erlebten Werte im aktuellen beruflichen Umfeld. Interessant, aber doch relativ selten war in diesem Falle, dass keine Schnittmengen zwischen privaten Werten und Systemwerten vorkamen. Ich könnte Ihnen gegen dreißig ähnliche Beispiele auflisten. Der Wertespagat zwischen Innenbild und Außenbild in Organisationen könnte nicht größer sein, die Spreizung zwischen Fremdbild und Selbstbild auch nicht. Es ist eine Diskrepanz, die an verblichene bulgarische Zentralkomitees vergangener sozialistischer Zeiten erinnert.

Das Brutale an diesen Beispielen besteht darin, dass die Vorstände und obersten Führungsebenen sofort zustimmen: «Ja, wir wissen, dass dies bei uns ein Problem ist!» Aber sie handeln nicht. Auf diese Divergenzen angespro-

chen, lachten die Banker und meinten, ein Teil des Gehalts sei ja schließlich Schmerzensgeld.
→ *Leitbild*, → *Vision*

Führungsgrundsätze

→ *Leitwerte*

Fusion

Hier sprudeln die Boni und es hat sich herumgesprochen: Die meisten Fusionen zeichnen sich durch Erfolgsfreiheit aus. Je nach Quelle sind es zwischen 50 und 80 Prozent aller Fusionen, die – gemessen an den kommunizierten Zielen – gescheitert sind. Ich weiß nicht, wie lange Sie als Projektleiter mit einem solchen Leistungsausweis Ihre Stelle behalten könnten. Hier einige → *Best-Practice-*Zahlen:

Eine 2006 durchgeführte Studie zeigte, dass die erhoffte Wertsteigerung im Zuge von Fusionen allzu oft ausbleibt. Insgesamt wurden 189 Fusionen von börsennotierten Großunternehmen, die zwischen 1992 und 2006 durchgeführt wurden, untersucht. Das Ergebnis: Jede zweite Fusion hatte Unternehmenswert vernichtet und ein realer Wertzuwachs konnte nur bei einem Drittel der Zusammenschlüsse beobachtet werden. Der Rest der Fusionen veränderte den Unternehmenswert nicht relevant (Quelle: Ernst & Young, 2006).

Hauptgrund des Scheiterns ist, dass es den Managern oftmals nicht gelingt, die grundverschiedenen Unternehmenskulturen unter einen Hut zu bringen. Je größer das aufgekaufte Unternehmen, umso fataler kann sich dies auswirken. Wenn zwei Parallelwelten existieren, die sich möglicherweise spinnefeind sind, dann sind Demotivation, Qualitätsverluste und unnötige Verwaltungskosten vorprogrammiert.* Und das sind die Folgen:

- Statt Shareholder-Value zu erhöhen, vernichten 58 Prozent aller Fusionen und Akquisitionen Unternehmenswert (Quelle: A.T. Kearny 2003).
- Die Aktienkursentwicklung der übernehmenden Firma/des Käufers ist um 3,7 Prozent tiefer als diejenige der Peer-Group (Quelle: PWC, 2000).
- 65 bis 70 Prozent der Deals haben keinen Shareholder-Value kreiert (Quelle: McKinsey 2000/2001).
- 47 Prozent der Deals realisieren die angekündigten, finanziellen Ziele nicht (Quelle: Swerdlow et al. 2001).

Gemäß einer Grundlagenstudie von Bain & Company (Befragung von 1700 Großunternehmen aus den USA, Westeuropa und Japan plus Befragung von weltweit über 250 Managern mit Akquisitionserfahrung (1986 bis 2001) gab es folgende Gründe des Scheiterns:

- 67 Prozent der Manager hatten potenzielle Integrationsprobleme übersehen.
- 66 Prozent der Manager hatten wirtschaftliche Synergien überschätzt.
- 61 Prozent der Manager zeigten Schwierigkeiten, die Management-Teams zu integrieren und/oder wichtige Führungskräfte zu halten.

Nach Axel Seemann, Bain-Studien-Autor, neigen «in der fieberhaften Hektik einer Übernahme Erwerber dazu, den

* Thomas Hammer: *Verkäufer fahren besser.* «Zeit online», 23.2.2007.

Wert der Synergiepotenziale auf der Kosten- und Umsatzseite zu über- und die Schwierigkeiten ihrer Realisierung zu unterschätzen». Angesichts dieser Zahlen könnte man annehmen, dass lauter Anfänger am Werk waren. Aber: 74 Prozent der erfolgreichen Fusionen wurde von Managern mit Fusionserfahrung durchgeführt (Quelle: AT. Kearny 1999).

Wenn man bereits im Vorfeld nach möglichen Erklärungen sucht, warum das Scheitern von Fusionen gute Chancen hat: Nur 27 Prozent der Unternehmen nehmen neben den standardmäßigen Due Diligences (kommerziell, rechtlich, steuerlich) eine Cultural Due Diligence vor (Quelle: Towers Perrin 2002). Eine von mehreren Konsequenzen ist klar: In 42 Prozent der untersuchten Fälle wechselten CEOs innert zwei Jahren nach der Fusion (Booz-Allen & Hamilton 1999–2001). Im Kontrast zu den obigen Zahlen steht die Selbstwahrnehmung der Finanzvorstände: 93 Prozent der befragten Finanzvorstände werteten die Fusion als Erfolg: «Die mittelfristig gesetzten Erwartungen der Fusion wurden erreicht oder übertroffen.» (Quelle: Credit Suisse M&A Report).

Damit kommen wir zur Frage, für wen denn eine Fusion gut ist, die ja angeblich die einzige Rettung für die Präsenz auf dem Markt ist und der Nutzung synergetischer Effekte dient. Lohnenswert ist eine Fusion in aller Regel für zwei Gruppierungen: die Vorstände der Unternehmen und die Aktionäre des Übernahmeobjektes. Die Chefs des Käufers berufen sich oft auf die gestiegene Unternehmensgröße und lassen sich dann vom Aufsichtsrat eine satte Gehaltserhöhung genehmigen, und so manche Führungskraft des übernommenen Unternehmens wird mit einer großzügigen Abfindung verabschiedet. Die Aktionäre profitieren während der Übernahmeschlacht zumeist von deutlich steigenden Aktienkursen, vor allem, wenn noch konkurrierende Offerten mit im Spiel sind.*Wer da den richtigen Riecher hat und sich als Aktionär bei gestiegenem Kurs von seinem Eigentum verabschiedet, hat gewonnen.

Wie erleben denn Kunden die Fusion? Hier einige Beispiele: *No one cared, the attitude was «we're big, so you have to deal with us»*, so ein Ex-Kunde von AT&T Broadband nach Kauf durch Comcast für 50 Milliarden US-Dollar. Typisch für die Folgen:

- 50 Prozent der Kunden sagen zwei Jahre nach der Fusion, dass sie weniger zufrieden mit dem Service sind.
- 29 Prozent finden, dass der Service nach der Fusion besser wurde. (Beide Quellen: University of Michigan Business School im Auftrag von «BusinessWeek», Dezember 2004.)
- Fusionsgeschädigt I: 50 Prozent der 109 Millionen US-Haushalte erlebten seit 1999 eine Bankenfusion.
- Rechnet man nur eine Stunde Zeitinvestition von einer Person pro Haushalt, um die meist veränderten Kontodaten in allen administrativen Facetten aufzuarbeiten, ergibt sich ein volkswirtschaftlicher Schaden von rund 900 Millionen Dollar.
- Fusionsgeschädigt II: 25 Prozent der US-Private-Banking-Kunden mit mehr als 1 Million Dollar investierbarem Vermögen wechselten nach einer Fusion die Bank.

* Ebenda.

Dass fusionierte Unternehmen mitunter schmerzhafte Lernkurven machen, zeigt besonders frappant das Beispiel Qwest: Der Telecom-Riese investitierte 1999 56 Milliarden Dollar in die Übernahme des Konkurrenten US West. Im Anschluss daran sank die Kundenzufriedenheit um 12,5 Prozent. Jetzt entstand hektischer Aktionismus: Während zwei Jahren investierte Qwest in Netzwerk-Upgradings und setzte den Fokus konsequent auf Großkunden. Als dies nichts nützte, wurde ein neuer CEO eingesetzt. Nach vier Jahren war man wieder da, wo man vor der Fusion war: Man hatte ähnliche Kundenzufriedenheitswerte wie vorher. Aus Kundensicht ein Nullsummenspiel.

Hier noch einige Beispiele von negativer Entwicklung der Kundenzufriedenheit nach Fusionen:

Entwicklung der Kundenzufriedenheit nach Fusionen

Käufer	*Zielfirma*	*Prozent*	*Kommentar der Firma*
Charter Comms	*AT&T*	*– 12,7*	*Wir stellen Kunden in den Mittelpunkt*
Qwest	*US West*	*– 12,5*	*Service wurde jetzt verbessert*
BP	*Amoco*	*– 8,4*	*Eigene Zahlen zeigen ein anderes Bild*
First Union	*Core States*	*– 8,1*	*Zu schnell konsolidiert*
SBC	*Ameritech*	*– 7,0*	*Eigene Zahlen zeigen ein anderes Bild*
Dillards	*Mercantile Stores*	*– 6,8*	*Kein Kommentar*

Käufer	*Zielfirma*	*Prozent*	*Kommentar der Firma*
Exxon	*Mobil*	*– 6,3*	*Eigene Zahlen zeigen ein anderes Bild*
Bank One	*First Chicago*	*– 5,7*	*Zulange mit Integration gewartet*
Worldcom	*MCI*	*– 5,4*	*Fast jede TelCo hatte Merger-Probleme*
J.C. Penny	*Eckerd*	*– 3,8*	*Zu zögerlich gehandelt*
AT&T	*Tele-Communications*	*– 2,7*	*Kein Kommentar, wurde wieder verkauft*
Kroger	*Fred Meyer*	*– 2,7*	*Fusion war ein Erfolg*
Unilever	*Best Foods*	*– 2,4*	*Kein Kommentar*
Kraft	*Nabisco*	*– 1,2*	*Kein Kommentar*
First Union	*Wachovia*	*+ 10,6*	*Mehr Kundenfokus, mehr Zeit*
Nestlé	*Ralston*	*+ 3,7*	*Sofort neue, bessere Produkte*
Bell Antlantic	*NYNEX*	*+ 1,4*	*Größte Stärken und best People*
General Mills	*Pillsbury*	*+ 1,2*	*PR-Aktivitäten verstärkt*

Veränderung durchschnittliche Kundenzufriedenheit zwei Jahre nach Fusion, Quelle: Customer Satisfaction Index University of Michigan Business School.

Hier dasselbe Bild, nach Branchen:

«Can't get no satisfaction»: Veränderung der Kunden–zufriedenheit zwei Jahre nach Fusion

Branche	*Entwicklung der Kundenzufriedenheit*
Öl & Benzin	*– 7,4 Prozent*
Kabelunternehmen	*– 6,4 Prozent*
Detailhandel	*– 5,3 Prozent*
Telekom-Unternehmen	*– 3,7 Prozent*
Körperpflege	*– 2,4 Prozent*
Banken	*– 0,8 Prozent*
Autos	*0 Prozent*
Hotels	*0 Prozent*
IT/Computer	*0 Prozent*
Lebensmittel	*+ 0,9 Prozent*

Veränderung durchschnittliche Kundenzufriedenheit zwei Jahre nach Fusion, Quelle: Customer Satisfaction Index University of Michigan Business School.

Warum wird fröhlich weiter fusioniert? Die Antwort weiß der Wind: «Es ist dieser Widerspruch zwischen Wissen und Ignoranz, diese Dissonanz zwischen Halbwissen und Dreiviertelignoranz, die diese Frage so ergiebig macht.»

G

Gender-Fragen

Klar, es braucht in der Wirtschaft kaum je einen Männerbeauftragten. Denn die Frauenquote im Management von Großunternehmen liegt bei knapp 12 Prozent, bei mittelständischen Unternehmen sind es 17 Prozent.

- 35 Prozent der Mitarbeiter wollen einen männlichen Boss, nur 14 Prozent einen weiblichen.
- 77 Prozent der Arbeitnehmer haben einen Mann als Vorgesetzten, 23 Prozent eine Frau.
- 36 Prozent der Männer und 42 Prozent der Frauen geht ihr Boss vor allem montags auf die Nerven.*
- Frauen verdienen im selben Job 26 Prozent weniger als Männer.
- Sitzen mehr als 10 Prozent Frauen in Führungspositionen, ziehen sie das Durchschnittsgehalt der Männer nach unten.**

Dies erklärt den unausgesprochenen Macho-Gedanken: «Ich habe nichts gegen Frauen auf der Chef-Etage; jemand muss ja den Kaffee machen …».

Gläserne Decke

Als Gläserne Decke bezeichnet man den geringen Frauenanteil in Top-Positionen: Das Geschlecht behindert die ultimative Beförderung, so der Glaube.

---

* Jochen Mai: *Der Boss in Zahlen,* www.karrierebibel.de

** Jochen Mai: *Das Büro in Zahlen,* www.karrierebibel.de

Tatsache ist aber gemäß einer Universum-Umfrage,* dass es nicht primär die geschlechtsspezifischen Vorurteile sind, die diese gläserne Grenze prägen, sondern die fehlenden genderspezifischen Angebote und Arbeitsformen der Unternehmen. Qualifizierten Frauen müssten die Unternehmen gemäß dieser Studie auch Platz für Privates lassen. Arbeitgeber, bei denen ein Ausgleich zwischen Arbeit und Freizeit nicht oder nur schwer möglich ist, haben bei Frauen kaum Chancen. Nichts ist ihnen wichtiger als eine gesunde, selbstbestimmte Balance. Was zählt, sind flexible Arbeitszeiten und frei wählbare Einsatzpensen. Wer als Arbeitgeber die Gleichstellung der Geschlechter nicht ernst nimmt, hat ohnehin verloren. Während sich die befragten Männer kaum um ungleiche Löhne und gleiche Chancen kümmern, ist es für die hochqualifizierte Frau entscheidend, genauso behandelt und gefördert zu werden wie die männlichen Kollegen. Sonst ziehen sie weiter zum nächsten Arbeitgeber. Im Vergleich dazu ist interessant, was die Erwartungen der männlichen, hochqualifizierten Fachkräfte sind. Gemeinsam ist beiden, dass sie in einem internationalen Umfeld arbeiten und viel verdienen möchten, aber dann ist Schluss mit Gemeinsamkeit.

Männer erwarten als mittelfristiges Ziel den Aufstieg auf der Karriereleiter. Dem wird alles untergeordnet, sowohl Privat- als auch Familienleben. Der ideale Arbeitgeber muss einfach gute Löhne samt saftigen Boni zahlen – und schon ist die Mehrheit der Männer beruflich glücklich.

* Universum Professsional Survey 2007, Befragung von 1800 hochqualifizierten Fachleuten in der Schweiz mit BWL- oder Ingenieur-Studium und bereits gesammelten Berufserfahrungen – meist bei mehreren Arbeitgebern. In: «Tages Anzeiger», 10. Dezember 2007, Seite 25.

Das tönt eher nach dem Anheuern auf einem Seeräuberschiff in der Karibik als nach der Auswahl eines guten Arbeitgebers.

Es ist nicht weiter erstaunlich, dass erfolgreiche Frauen oft Alternativen zur Berufskarriere vorziehen; um so mehr, als der Vorgesetzte einer Frau in der Regel ohnehin ein Mann ist: *People leave Managers. Not Companies.*

Glaubwürdigkeit

Völlig überschätzte Eigenschaft im Wirtschaftsleben. Laut einer Gallup-Studie glauben 70 Prozent der Bundesbürger, dass Wirtschaftslenker unehrlich sind. 69 Prozent sind der Meinung, Manager handelten nicht nach ethischen Prinzipien. 30 Prozent meinen gar, Wirtschaftslenker seien inkompetent oder unfähig.*

82 Prozent der Befragten meinen, Egoismus und Karrierestreben seien die Gründe für diese Glaubwürdigkeitskrise. Daneben führen ökonomische Zwänge wie Wettbewerbs- und Ergebnisdruck dazu, moralische Maßstäbe und persönliche Glaubwürdigkeit hinter sich zu lassen. Auch falsch verstandenes Shareholder-Value-Denken wurde als Quelle der mangelnden Glaubwürdigkeit genannt.

Ein zweifellos zutreffendes Erklärungsmuster ist auch

* Die globale, für 1,2 Milliarden Menschen repräsentative Bevölkerungsbefragung «Voice of the people 2004» von WEF World Economic Forum Davos und Gallup International zeigt ähnliche Werte: einen enormen Mangel an Vertrauen der jeweiligen Bevölkerung in ihre Wirtschaftsführer und Politiker. 50 000 Befragte aus über 60 Ländern sind von den Mitgliedsinstituten von Gallup International in der Zeit von Juni bis August 2004 befragt worden. Fast zwei von drei Befragten (63 Prozent) in über 60 Ländern empfinden die Politiker als unehrlich. Dieses Urteil wird für die Wirtschaftsführer aber auch von 43 Prozent der Befragten gefällt. 39 Prozent sind der Meinung, «Wirtschaftsführer verhalten sich unethisch/unmoralisch».

fehlender Mut. Es fällt bisweilen schwer, unangenehme Wahrheiten auszusprechen, und es erscheint manchmal einfacher, Missstände zu ignorieren. Beispiele gibt es genug. Ein besonders krasses gefällig?

Walter Deuss, bis zum Jahr 2000 Boss bei Karstadt-Quelle: Ihm wurde neben seiner Pension lebenslanger Anspruch auf Firmenwagen und Fahrer garantiert. Ein kleiner Zusatz im Vertrag – «wie Ihnen dies bisher zur Verfügung stand» – garantiert, dass der Fahrer auch für den Pensionär rund um die Uhr einsatzbereit sein muss. Doch dann wollte der Konzern die Überstunden des Fahrers nicht mehr bezahlen. KarstadtQuelle kämpfte da gerade ums Überleben, Tausende von Beschäftigten bangten um ihre Jobs. Wie reagierte der Mann, der für die Krise mitverantwortlich war? Deuss klagte auf Erfüllung seines Vertrages, und das Landgericht Essen entschied, das Unternehmen müsse für die Überstunden des Fahrers weiter geradestehen.*

Noch ein Beispiel: In einer akuten Sanierungsphase eines High-Tech-Konzerns musste der neue CEO sehr unpopuläre *Costcuttings* durchziehen, die für seine Vorgänger immer ein Tabu waren. Gleichzeitig bestellte er sich als Geschäftswagen einen nigelnagelneuen Audi A8. Mit meiner Empfehlung, er solle als Vorbild doch einen zweitürigen Fiat-Punto bestellen, konnte er nichts anfangen. Man gönnt sich ja sonst nichts.

In einer von Egon Zehnder International durchgeführten Studie mit 51 Interviews mit Top-Shots ergab sich folgendes Stimmungsbild: 67 Prozent der Befragten nann-

* «Der Spiegel», 17.12.2007.

ten Begriffe wie Offenheit, Ehrlichkeit und Authentizität Voraussetzung für Glaubwürdigkeit. Für 53 Prozent sind Berechenbarkeit, Zuverlässigkeit sowie das Einhalten von Versprechungen wesentliche Aspekte persönlicher Glaubwürdigkeit. 46 Prozent meinen, glaubwürdig sei, wer tue, was er sage und dabei keine Diskrepanz entstehen lasse. 42 Prozent verbinden mit «glaubwürdig» persönliche Integrität, 35 Prozent Konsequenz und 29 Prozent die Fähigkeit, eigene Fehler zuzugeben.* Aber dazu gehört ja besagte Zivilcourage.

Golf

Karriere- und netzwerkfördernde Freizeitbeschäftigung vieler Top-Shots (und solcher, die es werden möchten). Apropos Golf: Wissen Sie, warum so viele Top-Shots Golf spielen? Nur eine der drei Antworten ist richtig:

a) Weil beim Golf, im Gegensatz zu anderen Mannschaftssportarten, Einzelduschkabinen zur Verfügung stehen.
b) Weil beim Golf am besten Beziehungen gepflegt werden (trotz des Klischees: «Haben Sie noch Sex oder spielen Sie schon Golf?»).
c) Weil es die einzige Sportart ist, die auch in Handschellen gespielt werden kann.

Des Rätsels Lösung: C ist richtig.

* Andreas Gräf, Egon Zehnder International, Düsseldorf, Studie mit 51 Top-Führungskräften, 2005.

Globalisierung

Mobiles Feindbild für oder gegen alles, je nach Position und Zeitgeist. Als katastrophenerprobter Zweckpessimist (also zum Beispiel Vertreter von Betriebsrat und Gewerkschaft) Grund allen Übels, als profitgestählter Kostenoptimierer die Lösung allen Übels.

H

Herausforderung

Schönfärberische Umschreibung eines Problems.
→ *Worthülsen.*

Hierarchie

→ *Macht*

Human Resources

Früher ganz unprätentiös die Personalabteilung, kann heute nur noch auf → *Denglisch* beschrieben werden. Gemäß Wikipedia assoziiert man Human Resources allgemein mit dem Abbau eines begrenzten Rohstoffs. Diese Ressource gilt es zu bewirtschaften; die Rede ist dann von Humankapital.

Dieser Begriff wurde von der Gesellschaft für Deutsche Sprache zum Unwort des Jahres 2004 gewählt. Aber auch die Gesellschaft für Deutsche Sprache kann sich mal irren, denn für Ökonomen ist Kapital etwas sehr lebendiges. Im real existierenden Kapitalismus ist die HR-Abteilung in einen Don-Quijote-Kampf verstrickt: den Kampf um Wirkung – sei es, dass HR in seiner Wirkung in der Linie wahrgenommen werden will (und nicht einfach nur als Gutmensch-Feigenblatt), sei es in seinem Tun (→ *Personalentwicklung*).

Kennen Sie den: Was ist ein guter Personaler? Er zieht seine Mitarbeiter über den Tisch und verkauft die dabei entstehende Hitze als Nestwärme.

Hype

Was haben das Waldsterben, der Berliner Eisbär Knut, Lady Di und der Nestlé-Boss Peter Brabek-Letmathé gemeinsam? Sie alle wurden zu Medien-Hypes hochstilisiert. Hypes entstehen, wenn die Medien einem Thema oder einer Person ein Übermaß an Aufmerksamkeit widmen, also wenn sie sensationalisieren, skandalisieren und damit auch desinformieren.* Wie kommt es dazu, dass Journalisten Themen wie die Lemminge oftmals wochen- oder auch monatelang hinterherlaufen? Hype ist ein «öffentlich inszenierter Erregungszustand»**, ein Synonym für punktuell gesteigerte Aufmerksamkeit und Schnelllebigkeit.

Hypes sind abhängig von der Sichtbarkeit und der Wiederholung auf der Zeitachse. Ihre Verläufe zeigen eine klare Kurve, die sich immer wieder gleicht: Dem Auslöser folgen überzogene Erwartungen, folgen Enttäuschungen um sich dann im Alltag zu konsolidieren. Genauso werden CEOs gehypt. Oder gebasht. Inszeniert von Spin-Doctors und willfährig verstärkt von Wirtschaftsjournalisten, «die auch nur Menschen sind». Wer wird nicht weich, wenn er ins Epizentrum der Macht vorgelassen wird, instrumentalisiert zum Stichwortgeber der Agenda der Top-Shots?

Ein Beispiel: Nestlé-Chef Peter Brabeck-Letmathé lässt sich – im Wissen, dass er auch darin eine gute Figur macht – in Biker-Ledermontur ablichten, und den Jungfrau-Gipfel erklimmt er vor einer Kameralinse. Brabeck legt sich mit Umweltschützern und Politikern an, plädiert für mehr Gentechnik in der Landwirtschaft und philosophiert

* Stephan Russ-Mohl: *Die inszenierte Erregung.* «St. Galler Tagblatt», 16.11.2007, Seite 30.

** Die Philosophin Ursula Pia Jauch (Universität Zürich), ebenda.

über Erderwärmung und Wasserknappheit. Was er auch von sich gibt, wird fleißig von «kritischen» Wirtschaftsjournalisten weitergetragen. Es braucht für Hypes immer mediale Komplizen.

I, J

Identifikation

Identifikation mit dem Arbeitgeber ist gut, so die gängige Meinung. Und wenn mit der Identifikation etwas im Argen ist, dann deshalb, weil es zu wenig Identifikation mit der Unternehmung gibt. Dies ist in schöner Regelmäßigkeit die Diagnose der Bosse in change-gebeutelten Unternehmen. Was heißt dies aber konkret?

Gehen wir von einer Skala aus. Oben, quasi im funktionalen Bereich, sind wir positiv identifiziert. Wenn wir weniger als identifiziert sind, dann sind wir gleichgültig. Wenn wir weniger als gleichgültig sind, dann sind wir unzufrieden. Wenn wir weniger als unzufrieden sind, dann geht es in den Widerstand. Aus dem Widerstand formen sich die Ayatollas, die Glaubenskriege führen. Resultat davon ist Krieg. So weit nachvollziehbar.

Was aber, wenn in einer Unternehmung mehr vorhanden ist als Identifikation, quasi die «positive» Umkehrung? Also: Wir sind identifiziert, gut so. Was ist, wenn wir mehr als identifiziert sind? Wir sind selbstbewusst. Was, wenn wir mehr als selbstbewusst sind? Dann sind wir stolz. Was jedoch, wenn wir noch mehr als stolz sind? Dann sind wir arrogant. Was, wenn wir dies noch weiter treiben und mehr als arrogant sind? Dann werden wir zur Sekte. Und was, wenn wir noch mehr sind als eine Sekte? Dann werden wir zu Missionaren. Und was bitte, wenn wir es noch weiter treiben? Dann werden wir zu Kriegern, zu Conquistadores. Sehen Sie die verhängnisvolle Parallelität?

Identifikation funktional/dysfunktional

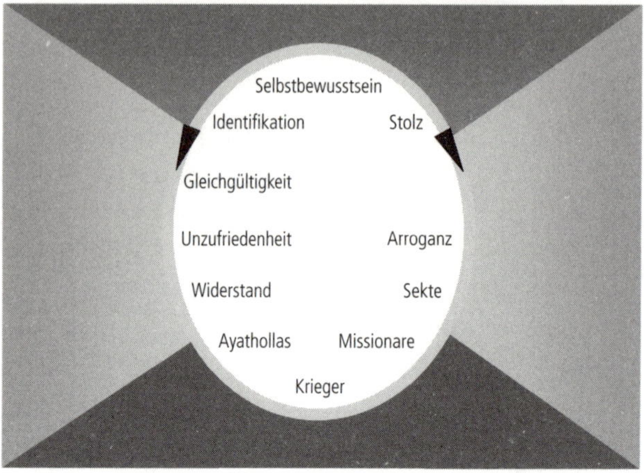

In der Frage der Identifikation geht es nicht allein um die Dimension der Defizite, sondern ebenso darum, das Zuviel an Identifikation zu beachten. Wie kundenorientiert ist eine Unternehmung oder Abteilung, die in ihrer Überidentifikation zwischen Stolz und Arroganz oder gar zwischen Arroganz und Sekte steht? Sowas gibt es nicht? Ein Tipp: Gehen Sie als potenzieller Käufer in den Showroom einer Deutschen Edelmarke und interessieren sie sich für einen Wagen. Sie werden, wenn Sie etwas sensibel sind, die Grenzen zwischen Stolz, Arroganz und Sekte in allen Feinheiten zu spüren bekommen.

Innovation

Erneuerungsfähigkeit ist – neben Kundenorientierung – die hauptsächliche Stoßrichtung von kultureller Veränderung. Organisationen sollen wachgeküsst werden, Mitarbeiter sollen innovativ werden, Prozesse sollen Innovationsorientierung ermöglichen bzw. verstärken. Über die Hälfte aller Unternehmen ist in stagnierenden oder schrumpfenden Märkten tätig; Innovation wird also zur Überlebensfrage. Denn wer sich auf seinen Lorbeeren ausruht, trägt sie am falschen Ort.

Über Innovation scheint so ziemlich alles geschrieben und gesagt zu sein. Ein paar Worte sollen trotzdem darüber verloren werden, welche Bedingungen Innovation behindern:

- Wenn Freiraum für eigene Lösungen dramatisch beschränkt wird, behindert dies Innovation.
- Wenn Bürokratie und Hierarchie Vorfahrt vor konstruktiven Lösungen haben, behindert dies Innovation.
- Wenn Prozesse zu zentralistisch und zu dirigistisch geführt werden, behindert dies Innovation.
- Wenn Controlletti-Kultur, Nullfehlerkultur und Angst vorherrschen, behindert dies Innovation.
- Wenn Macht, Hierarchiedenken, Sturheit und mangelnde Kritikfähigkeit Systemtreiber sind, behindert dies Innovation.
- Wenn Erbsenzählertum, Formalismus und Absicherungsmentalität herrschen, behindert dies Innovation.
- Wenn Einzelkämpfertum und Egoismus, Missgunst und Neid, Gärtchendenken und Opportunismus Oberhand haben, behindert dies Innovation.

Innovation wird jedoch meist als Prozessthema verstanden: «Wir müssen die Prozesse so gestalten, dass Innovativität ins System kommt.» Oder sie wird individuellen Talenten überlassen, nach dem Motto: Wer eine gute Idee hat, soll auch dafür kämpfen. Oder man reduziert Innovation eindimensional auf digitale Dimensionen wie Simulation, *Rapid Product Devopment* und digitale Fabriken. Innovation ist jedoch in der Regel zuerst eine kulturelle Frage. Entweder man hat eine Unternehmenskultur, die Innovation umarmt, fördert und belohnt. Oder man hat eine Unternehmenskultur, in der oben genannte Dysfunktionalitäten Alltag oder toleriert sind.

Eine Studie des Fraunhofer Instituts für System- und Innovationsforschung ergab, dass fast zwei Drittel der befragten Unternehmen länger als geplant zur Umsetzung einer Innovation benötigen.* Jedes vierte Projekt drohte aufgrund von Problemen der Zusammenarbeit im Projekt-Team bzw. innerhalb des Unternehmens zu scheitern. Weitere Hauptgründe dafür sind (nach Häufigkeit der Nennungen):

Innovationskiller	*Prozent*
Unklare Ziele bei Projektbeginn	*50*
Produktspezifikationen unklar bzw. ändernd	*44*
Unerwarteter technischer bzw. technologischer Anpassungsbedarf	*28*
Projektleitungs- und Planungsdefizite	*28*
Probleme bei der Zusammenarbeit im Projekt-Team bzw. innerhalb des Unternehmens	*25*
Mangelnde Zusammenführung von vorhandenen Kompetenzen	*22*
Fehlende Mitarbeiterkompetenzen	*22*
Motivationsprobleme bei Projektbeteiligten	*17*

* Zeittreiber-Studie des Fraunhoferinsitut ISI 2005.

Innovationskiller	*Prozent*
Schwierigkeiten beim Einsatz neuer Technologien	*12*
Marktzugangsschwierigkeiten	*11*
Probleme bei der Zusammenarbeit mit externen Partnern	*8*
Keine rechtzeitige Erstellung von produktbegleitenden Dienstleistungen	*8*
Ungeklärte Rechtsfragen	*5*

Über die Hälfte dieser Begündungen lassen sich auf kulturelle und Zusammenarbeitsdefizite zurückführen. 40 Prozent der Entwicklungsdauer, ergab dieselbe Studie, ließen sich im Idealfall einsparen. Und: die wichtigsten Zeitfresser sind hausgemacht, also lösbar.
→ *Kreativität;* → *Leitwerte*

Interkulturelle Kompetenz
→ *Macht*

Intrapreneurship
Der Begriff setzt sich zusammen aus den beiden englischen Wörtern «Intracorporate» und «Entrepreneur». Intrapreneure sind Personen, die, obgleich in einem abhängigen Beschäftigungsverhältnis stehend, unternehmerisch denkend im Sinne ihres Arbeitgebers handeln und als Teil des Ganzen Selbstverantwortung für den Erfolg und die Qualität ihrer Arbeit übernehmen – zur nachhaltigen Sicherung ihrer eigenen Existenz und der ihres Unternehmens. Was da so gut tönt, ist in der Realität ein Aufstellen maßloser Anforderungen und systematische Überforderung von Mitarbeitenden: Eigeninitiative wird verlangt, aber

wie viel Entscheidungsbefugnis hat der Einzelne? Freiräume sollen genutzt werden, aber wie viel Fehler- und Risikotoleranz bietet das System? Kreativität wird gefordert, aber wie zentralistisch und dirigistisch sind die Prozesse im Alltag? Welcher Bock will den Gärtner spielen?
→ *Unternehmertum*

Implementierung
→ *Worthülsen*

IT
Information Technology (IT) ist das moderne Feindbild für und gegen alles.
→ *Ausreden*

Jour fixe
Eins der wenigen französischen Worte, die Eingang in Deutschlands Management-Alltag gefunden haben. Bezeichnet ein Ritual, das meist wöchentlich zur selben Zeit mit den meist selben Agendapunkten stattfindet. Ich habe festgestellt, dass die Produktivität von solchen Meetings massiv zunimmt, wenn man sich die ersten 15 Minuten ohne TOPs in die Augen schaut und abfragt, was ansteht und wie die Befindlichkeiten sind – also ein offener Raum geschaffen wird, bevor sich die Augen auf die Pendenzenliste senken. Die Doktorarbeit des Holländers Arne de Vet hat ergeben, dass fünf Minuten stillen Nachdenkens zu Beginn einer Sitzung die Anzahl von Ideen verdoppelt.*
→ *Projekte*

* www.devetmanagement.com

K

Kanten-Management

Bewusste Vorgabe von Zielen, die sich widersprechen. Zum Beispiel: «Wir wollen kundenorientiert sein» versus «Wir wollen Kosten sparen» (ein Anruf in einem Callcenter muss innert 40 Sekunden abgeschlossen sein). Oder: Die IT-Budgets werden so heruntergefahren, dass das System aufschreit. Wenn es zu fest schreit, wird situativ wieder angepasst. Ein Begriff, der vor allem das Kostenmanagement in der Servicequalität umschreibt.

Kernkompetenz

→ *Diversifikation*

Kommunikation

Wenn Sie die Resultate von Mitarbeiterbefragungen analysieren, sind in weitaus den meisten mir bekannten Fällen (und das sind nicht wenige) die Werte betreffend Kommunikation am schlechtesten. Wenn Sie nun aber hingehen und die Mitarbeitenden fragen: «Haben Sie zu wenig E-Mails?» oder «Haben Sie zu wenig Sitzungen?» oder «Haben Sie zu wenig Intranet?» oder «Haben Sie zu wenig Newsletter/Mitarbeitermagazine/Schwarze-Brett-Information?», ernten Sie resigniertes Kopfschütteln: Nein!

Warum aber sind dann die Kommunikationswerte bei den Mitarbeitenden so schlecht? Nicht weil zu wenig kommuniziert wird, sondern schlichtweg falsch. Es geht in der Kommunikation (von lat. *communicare:* gemeinschaftlich tun, mitteilen) nicht um die technische Vermittlung von Information, sondern um die emotionale Einbettung von Information. Dies geschieht auf Augenhöhe, im direkten, persönlichen Dialog, allenfalls in dialogorientierten Townhall-Meetings, in Großgruppeninterventionen. Das muss man können und das muss man wollen. Und das braucht in der Regel auch eine tüchtige Portion Pfeffer im Arsch und Zivilcourage, sich solchen Gesprächen als Führungskraft zu stellen, ohne dass die Kommunikationsabteilung vorab alle Fragen und Antworten fein säuberlich ausformuliert hat. Führung ist Kommunikation, hat schon Altmeister Peter Drucker festgehalten. Und sie ist vor allem mehr als die technische Definition, die sich in den Lehrbüchern findet.

Wenn Sie in Gesprächen mit Mitarbeitenden über die Qualität der internen Kommunikation eines Unternehmens sprechen, dann kommen in der Regel Begriffe wie «Warme Luft, seichte Worthülsen, Null-Aussagen und Plattitüden, Schönreden, Phrasendrescher». Am pointiertesten hat es mir mal eine Deutsche Telekom-Mitarbeiterin umschrieben: Sie nannte die interne Kommunikation «Magenta-Kommunikation»; es wird also alles auf die Konzernfarbe eingefärbt und positiv dargestellt (→ *Placebo*).

Kein Wunder, denn wenn Vorstände zum Beispiel nach innen kommunizieren: «Der Abbau ist abgeschlossen», und an der nächsten Analystenkonferenz die hohen Personalkosten beklagen, trägt das nicht zwingend zur Steigerung der Glaubwürdigkeit bei. Noch ist vielen Verantwortlichen von Corporate Communications bzw. deren Auftraggeber zu wenig klar, dass die interne Kommunikation die Außenwahrnehmung prägt. 59 Prozent der deutschen Vorgesetzten vertrauen ihren Mitarbeitern, aber

nur 53 Prozent der deutschen Mitarbeitenden vertrauen ihren Chefs. Ihren Kollegen vertrauen hingegen 68 Prozent.*
Vielleicht wussten Sie es noch nicht, aber eine britische Studie hat es gezeigt: Wenn Sie mit einem Produkt als Kunde zufrieden waren, erzählen Sie es drei Menschen weiter. Wenn Sie mit einem Produkt als Kunde unzufrieden waren, erzählen Sie es fünfzehn Menschen.

Der Verstärkungsfaktor schlechter Führung (und schlechter Kommunikation) ist also um das Fünffache höher.

In einer anderen Studie wird dokumentiert, dass eine durchschnittliche Führungskraft 84 E-Mails pro Tag bearbeiten muss, 3 Mitarbeitermagazine und 2 Magazine für Führungskräfte monatlich zu lesen sind, im Schnitt 12 Sitzungsprotokolle pro Woche anfallen und in Sitzungen 4800 Folien und Charts pro Jahr präsentiert werden.** Daneben gibt es x-hundert Inhouse-Broschüren von gesunder Ernährung bis Urlaubsreglement, damals gab es noch 20 Minuten Inhouse-TV pro Tag, das brainwash-artig in den Gängen von den Monitoren flimmerte, und es wird ein täglicher Pressespiegel mit durchschnittlich 20000 Zeichen aufgelegt. Daneben sollte diese gut informierte Führungskraft eigentlich noch Dossiers, Memos, Berichte, Statistiken, Briefe bearbeiten, Sitzungen vorbereiten, an Sitzungen teilnehmen, Telefonate führen, Redebeiträge erarbeiten und dafür sorgen, dass der Laden erfolgreich ist. Das ist gelebte Komplexität, die nur durch Verweigerung, Ablehnung und Flucht in die informelle Kommunikation

* Jochen Mai: *Der Boss in Zahlen*, www.karrierebibel.de

** Studie der Daimler Chrysler AG, durchgeführt im Jahre 2002.

bewältigt werden kann. Kein Wunder, warum die Kommunikationswerte in Mitarbeiterbefragungen so grottenschlecht sind. Denn das Gegenteil von gut gemacht ist gut gemeint.

Kompetenzen

Was hilft Ihnen wirklich auf dem Weg nach oben? Sind es Ellbogen oder gar Kompetenzen? Gehen wir davon aus, dass es nicht schadet, Kompetenzen zu entwickeln. Kompetenzen werden unterschieden in Fach-, Methoden- und Sozialkompetenzen. Am Anfang einer Karriere ist für die Weiterentwicklung der große Fundus an Fach- und Methodenkompetenz entscheidend. Je weiter es die Karriereleiter hoch geht, desto wichtiger wird die soziale Kompetenz. Doch je höher jemand steigt, desto unnötiger erscheint ihm die Auseinandersetzung mit oder gar Schulung von Sozialkompetenz. Die ist irgendwie überirdisch-feinstofflich mit der Beförderung vom Himmel gefallen.
→ *Personalentwicklung (PE)*, → *Sozialkompetenz.*

Komplexität

Kennen Sie den Unterschied zwischen einer Schweizer Uhr und Ihrer Organisation? Die Uhr ist kompliziert, die Organisation ist komplex. Aber das ist noch nicht der Unterschied, sondern erst die Vorahnung. Etwas Kompliziertes können Sie in Einzelteile zerlegen und mit etwas Talent wieder zusammensetzen. Die komplizierte Schweizer Uhr wird beim Rückbau an genau jenem Punkt weiterlaufen, an dem Sie mit der Demontage begannen. Komplexe Systeme hingegen sind lebendig; sie sind gleichzeitig:

- unüberschaubar,
- vernetzt,
- eigendynamisch,
- undurchsichtig,
- wahrscheinlichtkeitsabhängig und
- instabil.*

Wenn Sie also ein komplexes System – analog zur Schweizer Uhr – reduzieren oder in seine Einzelteile zerlegen, werden sich andere Teile des Systems eigendynamisch, wahrscheinlichkeitsabhängig, unüberschaubar und instabil weiterentwickeln. Komplexitätsreduktion ist deshalb die falsche Herangehensweise an das Phänomen Komplexität, auch wenn damit große Heilserwartungen geweckt werden (zum Beispiel *Simplicity*). Komplexität ist die Meta-Ebene von Veränderung.

Die Fähigkeit, mit Komplexität umzugehen und Komplexität zu gestalten, wird zur Kerndisziplin der Führung der Zukunft. Zu dieser *CompleXellence*** gehören Fähigkeiten, mit Zielkonflikten und Ängsten umgehen und diese vermitteln zu können («führen im Sandwich») und trotz nicht endenwollenden Veränderungen Konstanz zu stärken. Dazu gehört auch:

- mit eigenen Unsicherheiten so umgehen, dass man anderen Sicherheit vermitteln kann.
- wertschätzend kommunizieren und sich durchsetzen.
- die Balance von Kontrolle und Vertrauen, von Nähe und Distanz, von Bürokratie und Selbstorganisation.

---

* Hans Rudolf Jost: *Komplexitäts-Fitness/CompleXellence – Wandel erfolgreich gestalten.* A&O des Wissens, Zürich 2000, Seite 22 ff.

** Ebenda.

– nicht Entscheidbares zu entscheiden, ein anderer Umgang mit Zeit bzw. Zeitmangel, mit Informationen, bzw. Informationsüberlastung.

Dies einmal erkannt, wird klar, dass das mechanistische Weltbild der meisten Führungskräfte wenig ausrichten kann. Die Sehnsucht nach Entkomplizierung und Klarheit wird um so stärker, je größer der Druck ist. Wer diese Paradoxien glaubhaft adressieren und vermitteln kann, und nicht in Augen-zu-und-durch-Modelle zurückfällt, hat die Herzen für sich gewonnen. «Wir tun all das nicht, weil es einfach ist, sondern weil es schwierig ist», sagte der US-amerikanische Präsident John F. Kennedy. Er meinte damit nicht das Management. Sondern die Mondlandung. Aber das macht hier keinen Unterschied.

Kompliziert

→ *Matrix-Organisation*

Kreativität

Das Wort stammt vom Lateinischen creare: schöpfen, erschaffen, erzeugen ab. Im Gegensatz zu Innovation, das von lateinisch innovare: erneuern, verändern kommt.

Kreativität ist einer der meistgenannten Leitwerte in Unternehmensleitbildern (→ *Leitwerte*). Viele Organisationen verhindern jedoch regelrecht Kreativität, zum Beispiel durch Hierarchie, Bürokratie, künstlichen Termindruck, zentralistische und dirigistische Abläufe, fehlende Fehlerkultur, wenig Eigenverantwortung und lange Genehmigungs- und Abzeichnungsabläufe, die für jede fünf Euro Investitionen mindestens zwei Unterschriften brauchen.

Sie zeichnen sich auch dadurch aus, dass sie wenig Platz für unangepasste, farbige Persönlichkeiten schaffen.

Viele Organisationen, die sich Kreativität als Leitwert verordnen, gehen davon aus, dass sie zu wenig an Kreativität hätten, ein Umstand, der sich womöglich in einer starken Controlletti-Kultur, einer Nullfehler- und Angst-Kultur äußert. Selten machen sich jedoch Führungskräfte Gedanken darüber, was es heißt, zu viel Kreativität im System zu haben: Dies bedeutet nämlich, dass auf jeden fahrenden Zug aufgesprungen wird, wenig Konsistenz herrscht, dass jeder, der sich eine farbige Pfauenfeder hinten reinsteckt und wackelt, gehört wird und dass eine gewisse Arroganz herrscht *(that's the way we do it here!)*.

Eine gute Definition von Kreativität lautet: Sie ist die Fähigkeit des Menschen, Denkergebnisse beliebiger Art hervorzubringen, die im Wesentlichen neu sind und demjenigen, der sie hervorgebracht hat, vorher unbekannt waren. Das kreative Produkt kann eine künstlerische, literarische oder wissenschaftliche Form annehmen oder durchführungstechnischer oder methodologischer Art sein.* Dazu gehören:

- schnelles Erkennen des Problems
- rasches Hervorbringen unterschiedlicher Ideen, Symbole und Bilder
- Flexibilität des Denkens, Wechsel der Bezugssysteme und Finden von Alternativen
- Um- und Neuinterpretation gewohnter Dinge und Wege

* Gerhard Roth: *Höchstleistung*. In: Spurwechsel. Murmann-Verlag, Hamburg 2006, Seite 32.

- schnelleres Erfassen der Realisierbarkeit allgemeiner Pläne
- seltene und unkonventionelle Gedankenführungen und Denkresultate.*

Überlegen Sie sich, ob Ihre Organisation diese Kriterien ermöglicht und ermutigt oder ob sie durch sturen Formalismus, Silodenken und Absicherungsmentalität den postulierten Leitwert Kreativität in Keime erstickt.

Kultur

«Kultur ist nicht Teil des Spiels – Kultur ist das Spiel», sagt Sergio Marchionne, italo-kanadischer Manager, CEO von Fiat S.p.A., Turin, sowie von Fiat Group Automobiles, Fiat-Sanierer, zuvor Sanierer und CEO der Société Générale de Surveillance (SGS), Präsident des Verwaltungsrates der SGS und Vizepräsident des Verwaltungsrates der UBS.

→ *Unternehmenskultur,* →*Corporate Mindchange*

Kundenorientierung

Eine Forschung von Bain & Company, die sich über drei Jahre auf insgesamt 150 000 Kunden von über 400 US-Firmen aus mehr als 20 Branchen erstreckte, zeigt, dass 80 Prozent der Firmen überzeugt sind, einen überdurchschnittlichen Kundendienst zu bieten, aber nur 8 Prozent ihrer Kunden stimmen dem zu ... Jedes dritte Schweizer Unternehmen schreibt sich Kundenorientierung in die Leitwerte. Das ist eigentlich erstaunlich wenig, ist es doch

* Ebenda.

der Kunde, der am Schluss die Zeche und dem Unternehmen den Gewinn bezahlt. Selten sind die Differenzen zwischen Selbst- und Fremdbild derart groß wie beim Thema Kundenorientierung. Das lässt drei Schlüsse zu:

- Erstens ist jede mitteleuropäische Führungskraft per Definition Experte in Kundenorientierung, kann Ihnen jedoch locker drei bis vier Kolleginnen oder Kollegen aus dem Umfeld nennen, bei denen in Sachen Kundenfokus dringend Handlungsbedarf besteht.
- Zweitens werden in der Regel die physischen Kontakte mit Kunden auf ein Minimum reduziert. Und diejenigen Menschen, die diesen physischen Kontakt abwickeln, sind am schlechtesten bezahlt (Wachmann, Verkäufer/-innen, Kassierer/-innen) oder in Callcentern kostenoptimiert nach Indien outgesourct.
- Drittens schließlich sind Führungskräfte ohnehin mit sich selbst beschäftigt. Da hat Störfaktor Kunde wenig Platz im Arbeitsalltag.

Da bewundere ich als Vielflieger die Airline-Branche für einen einzigartigen Verdienst: Als einzige Branche ist es ihr gelungen, aus ihrem Produkt ein durchgängiges Kundenerniedrigungsritual zu machen.

L

Lean Management

Aus dem Englischen, wörtlich übersetzt «schlanke Verwaltung». In der Praxis bedeutet das zweierlei: Einerseits wird weniger gedacht und mehr gerechnet (Downsizing), andererseits wird das mittlere Management als (Un-)Kostenfaktor betrachtet (und deshalb abgebaut). Management-Mode der 1990er-Jahre, die sich als fataler Fehler vor allem in großflächigen Transformationsprojekten von großen Unternehmen erwies. Es ist ja gerade das mittlere Management, das als Stabilisator wirkt, das Sicherheit bei Unsicherheit vermitteln kann, das «näher bei den Leuten», ihren Emotionen und Ängsten ist.

Leitbild

87 Prozent der Schweizer Unternehmungen hat gemäß einer repräsentativen Studie der Change Factory Unternehmensberatung AG Zürich ein formuliertes Leitbild oder eine kommunizierte Vision.*Die 562 Führungskräfte wurden an anderer Stelle der Erhebung befragt, wie viel dieses Leitbild mit dem Alltag zu tun habe. Ernüchternde 77,3 Prozent dieser Führungskräfte sagten: wenig bis gar nichts!**

An dieser Stelle klopfen sich die Führungskräfte in meinen Vorträgen jeweils lachend auf die Schenkel und

* Umfrage bei 562 Führungskräften in der Schweiz.

** Eine ähnliche Studie von «Alpha» im April 2007 ergab fast identische Resultate: Auf die Frage «Wie konsequent lebt Ihr Unternehmen den festgelegten Werten auch nach?» antworteten 11 Prozent «konsequent», 25 Prozent «in hohem Maße», 64 Prozent «zu wenig» bzw. «Werte haben keine Bedeutung» (www.aplha.ch).

nicken sich vielsagend zu. Das liegt meiner Erfahrung zufolge weniger am Leitbild selber, als an der Entwicklung des Leitbildes: Oft wird eine externe PR-Agentur damit beauftragt, oder es wird eine interne Arbeitsgruppe gebildet, die ohnehin unter Arbeitsüberlastung leidet und heilfroh ist, wenn der Prozess möglichst schnell und ohne Schaden wieder abgeschlossen werden kann. Dann hat der mangelnde Erfolg vieler Leitbilder auch etwas mit ihren Inhalten zu tun; diese sind im großen Maße recht abstrakt und austauschbar (→ *Leitwerte*).

Und schließlich hat er meist auch mit liebloser Kommunikation zu tun. Ich habe das Privileg, dass ich in relativ viele bedeutende Unternehmungen Einblick nehmen kann. Das Bild gleicht sich: automatische Türöffnung, imposante Eingangshalle, je nach Branche zwei (in Banken, Versicherungen) oder ein (in der Industrie) outgesourcter Sicherheitsbeauftragter am Empfang bzw. gar niemand am Empfang (meist in Produktionsunternehmen), nur der Hinweis «Empfang: Bitte rufen Sie intern 1452 an». Hinter diesen Sicherheitsbeauftragten steht dann ein Gummibaum, hinter dem Gummibaum hängt ein Messingschild mit dem Text: «Unser Leitbild.»

Beliebt ist auch der Aufzug: Neben der wöchentlich wechselnden Menüliste der Kantine hängt es, das Leitbild. In einigen Unternehmen sieht man auch Plakate in den Gängen, mit glücklichen Mitarbeitenden und Zitaten aus dem Leitbild (diese Unternehmen stecken noch in der Brainwash- bzw. Indoktrinationsphase).

Auch ein Blick in diese Leitbilder zeigt, wie austauschbar sie sind. Die Struktur und der Inhalt der Leitbilder ähnelt sich in den meisten Fällen:

- Wir möchten im mittelpreisigen Fotokopierermarkt (hier Markt einsetzen) Nr. 1 sein.
- Unsere Kunden wollen wir mit (hier Adjektiv einsetzen) überragenden Leistungen immer wieder aufs neue (hier Verb einsetzen) überraschen.
- Unseren Mitarbeitern gegenüber kommunizieren und handeln wir (bitte eins aussuchen) offen/transparent/ehrlich/vertrauensvoll/wertschätzend/motivierend usw. auf der Basis von (bitte passendes Substantiv einsetzen) Respekt/Integrität usw.
- Unseren Kapitalgebern (im Falle von Internationalität bitte Shareholder einsetzen) erarbeiten wir einen (bitte ankreuzen) angemessenen/überdurchschnittlichen/fairen/adäquaten Return-on-Investment.
- Der Umwelt gegenüber handeln wir nachhaltig/verantwortungsvoll (bitte passendes Wort einsetzen).

Je nach Berater, der den Entwicklungsprozess begleitet, wird dann noch etwas über die Stakeholder-Beziehungen und/oder über Corporate Social Responsibility (CSR) stehen.

Die Reaktion auf solche Leitbilder? Gelesen – gelacht – gelocht. Steht einmal dieses «Leitbild», geht der interne Krieg um die Nichtzuständigkeit zwischen der Kommunikations- und Personalabteilung für die Umsetzung los, Garant für Erfolgsfreiheit in der Umsetzung. Zwei Jahre später wird niemand mehr darüber sprechen, nur noch HR in Bewerbungsgesprächen und beim Briefing von externen Trainern das Leitbild hervorkramen (→ *Vorbildwirkung der Vorgesetzten).*

Leitwerte

Meist Beschreibung von Eigenschaften, die wenig mit Realität zu tun haben. Von 14 Top-Unternehmen in Deutschland haben sieben die Hälfte aller Werte gemeinsam, 12 von 14 nennen Kreativität als verbindlichen Unternehmenswert und sind austauschbar (siehe Seite 90–91). Diese Werte werden interessanterweise durch den «Global Compact» der UNO, die Menschenrechtserklärung, durch die meisten Verfassungen und Grundgesetze als verbindlich vorausgesetzt und beschreiben eher Sekundärtugenden oder Einstellungen. Eine andere Studie bei den 100 größten Schweizer Unternehmen zeigt, wie austauschbar die am häufigsten genannten Begriffe sind:*

Rang	*Werte*	*Anteil*
1	*Innovation, Kundenfokus*	*35 Prozent*
2	*Verantwortungsbewusstsein*	*25 Prozent*
3	*Qualität und Präzision*	*23 Prozent*
4	*Engagement*	*19 Prozent*
5	*Leistungsstärke, Zuverlässigkeit*	*14 Prozent*
6	*Integrität, Partnerschaft*	*13 Prozent*
7	*Nachhaltigkeit*	*12 Prozent*
8	*Kommunikation, Transparenz*	*10 Prozent*
9	*Fairness, Sicherheit, Vertrauen*	*9 Prozent*
10	*Führung, Offenheit, Service*	*7 Prozent*

Jedes dritte Schweizer Unternehmen schreibt sich Innovation und Kundenfokus auf die Flagge, das müsste eigentlich spürbar sein.

* Daniel Seiler, «Alpha» 14./15. April 2007, Seiten 1/2.

Führungswerte in 14 ausgewählten Unternehmen	*Allianz*	*BASF*
13 x Respekt, Vertrauen, Fairness, Wertschätzung	X	X
11 x Innovation, Kreativität	X	X
11 x Kunde steht im Mittelpunkt	X	X
11 x Diversity	X	X
10 x Förderung der Mitarbeiter, Motivation	X	X
10 x Stärkung Leistungskultur, Feedback, Anerkennung	X	
9 x Gesellschaftliche Verantwortung,		
8 x Umweltschutz		X
8 x Integrität	X	X
7 x Unternehmertum, Eigenverantwortung		
7 x Offene Kommunikation	X	X
6 x Nachhaltigkeit		X
4 x Teamleistung		
3 x Glaubhafte Vermittlung der Strategie	X	
2 x Beteiligung an Entscheidungsprozessen		
2 x Schutz des geistigen Eigentums		
2 x Gesundheit		X
1 x Initiative, Schnelligkeit, Engagement		
1 x Sicherheit		X
1 x Schutz der Menschenrechte		

BMW	*Deutsche Bank*	*Deutsche Post*	*Deutsche Telekom*	*E.ON*	*Lufthansa*	*Metro*	*Porsche*	*Pro Sieben Sat. 1*	*Volkswagen*
X	X	X	X	X	X	X	X		X
	X		X	X		X	X	X	
	X	X	X	X	X	X			X
X	X	X	X	X	X	X			
X		X		X	X	X	X		
X		X	X	X	X	X		X	X
X		X		X	X	X	X		X
X		X		X	X	X			
		X	X	X		X			
		X					X	X	X
		X	X	X					
X				X		X			X
X	X			X			X		
			X			X			
							X		
				X					
				X					
								X	
X									

Lohnerhöhung

→ *Motivation*

Loyalität

Eine bemerkenswerte Antwort lieferte ein Sanierer eines großen Dienstleisters. Anlässlich eines Townhall-Meetings mit seinen Führungskräften antwortete er auf die Frage, wie es denn die Unternehmung im Falle einer weiteren Kostenreduktionsrunde mit der Loyalität zu seinen Mitarbeitern halte: «Wenn Sie Loyalität wollen, dann kaufen Sie sich einen Hund.»

→ *Commitment*

Lüge

Lüge und Wahrheit wandern zusammen durch den Wald. In einer Waldlichtung kommen sie an einen einsamen See. Die Lüge schlägt der Wahrheit vor, die Kleider abzulegen und gemeinsam nackt baden zu gehen. Die Wahrheit legt die Kleider ab, springt kopfüber ins Wasser und schwimmt in die Mitte des Sees. Dort dreht sie sich um und bemerkt, dass die Lüge in Kleidern am Ufer steht. Darauf angesprochen, macht die Lüge der Wahrheit Hörner und zieht lachend deren Kleider an. Seither läuft die Lüge in den Kleidern der Wahrheit rum. Und: Die Wahrheit ist nackt.

PS: Die Geschichte ist dankbar entliehen von Karsten Kaie und seinem Programm «Lügen, aber ehrlich».

M

Macht

Den Ruf eines Ellbogenkarrieristen muss man sich erarbeiten. Es gilt, drei Arten von Machtausübung zu unterscheiden:

- funktionale Macht
- dysfunktionale Macht, Machtmissbrauch, Powerplay
- Nichtausüben von Macht

Funktionale Macht bedeutet Verantwortung, Konsequenz und Konsistenz, Respekt und Wertschätzung. Funktionale Macht bedeutet aber auch Schutz: Schutz der Kinder, wenn eine Mutter ihr Kind vor dem herannahenden Zug annimmt. Diese Ausübung von Macht führt letztlich zu Geborgenheit und zu Sicherheit.* Funktionale Macht bedeutet auch Autorität, legitimiert durch Gesetze und Menschenrechte, aber zum Beispiel auch medizinisches Können oder Expertenwissen. Diese funktionale Anwendung von Macht schafft Vertrauen. «Der Mangel an Autorität führt zu Angst, Unsicherheit und Orientierungslosigkeit.»**Die funktionale Seite der Macht hat Theodor Fontane im Gedicht «Fester Befehl» 1888 auf den Punkt gebracht:

Freiheit freilich. Aber zum Schlimmen
Führt der Masse sich selbst Bestimmen.
Und das Klügste, das Beste, Bequemste

* Stefan Bueb: *Lob der Disziplin.* List Verlag, München 2007, Seite 48.

** Ebenda.

Das auch feigen Seelen weitaus Genehmste
Heißt doch schließlich, ich hab's nicht Hehl:
Festes Gesetz und fester Befehl.

Ganz anders in die Saiten gegriffen wird im Bereich der dysfunktionalen Machtanwendung, bei fiesen Spielen und Powerplay. Eine Episode gefällig? Sie stammt vom ehemaligen Bertelsmann-Boss Thomas Middelhoff; er schilderte sie anlässlich eines Vortrages an der Uni Münster:* Mallorca, Mitte der 90er. Reinhard Mohn hatte sechs Bertelsmann-Jung-Manager zu einem Assessment-Center der besonderen Art auf seine Finca geladen. Middelhoff und ein Kollege übernachteten im etwas abgelegenen Gästehaus. Tags darauf um Neun waren alle zum Frühstück bei Mohn verabredet. «Pünktlich», betonte der Patriarch.

«Lass uns zusammen hingehen, ich hol' dich ab», bot der Kollege an, Middelhoff nickte. Am nächsten Morgen, viertel vor Neun, zehn vor, fünf vor: kein Kollege in Sicht.

Middelhoff ging allein los. Als er ankam, saß der Kollege mit Mohn fröhlich plaudernd am Tisch und schmierte Marmelade auf sein Brötchen.

«Thomas», sagt er und schaut auf die Uhr, «bisschen spät dran, was?» Ein fieser Trick, aber «nice guys finish last.» Wer fest im Sattel sitzt, sollte sich ab und zu versichern, dass sich ein Pferd unter dem Sattel befindet.

Dieser direkte Umgang mit Macht will geübt sein, braucht einen sechsten Sinn, den Sinn für Macht.

---

* «Manager Magazin» 6/2006, Klaus Werle: *Fiese Spiele.* Seiten 188/189.

Der Autor Robert Greene listet in seinem Buch «Laws of Power»*sechs Gesetze der Macht auf:

Gesetze der Macht (nach Robert Greene**)

1. Powerplay-Regel: Dominant auftreten	Gib dich wie ein König, dann wirst du von anderen auch wie ein König behandelt: Zeige dich auch bei harter Arbeit unangestrengt, strecke Niederlagen kalt lächelnd weg, demonstriere ein durch nichts zu erschütterndes Selbstbewusstsein.
2. Powerplay-Regel: Distanz schaffen	Mache dich rar, betone das Gefälle zu deinen Untergebenen. Es ist wie bei den Affen: In Experimenten verzichten sie auf Süßes, wenn sie dafür Bilder von ranghöheren Tieren betrachten dürfen.
3. Powerplay-Regel: Kontrolle erringen	Setze Termine, beherrsche die Agenda, sichere dir das Informationsmonopol. Du kannst Mitarbeitern gern die Wahl zwischen zwei Optionen lassen – aber nur, wenn du das Ergebnis kontrollierst.
4. Powerplay-Regel: Allianzen schmieden	Perfektioniere das Paten-Prinzip: Leistung nur gegen Gegenleistung, schaffe Abhängigkeiten, bleibe vage, wenn du etwas versprichst. Suche dir Freunde, die dir nützen können.
5. Powerplay-Regel: Tarnen & Täuschen	Bleibe unberechenbar: Gib deinen nächsten Schritt nie zu früh zu erkennen, lasse dich niemals auf inhaltliche Positionen festnageln, zeige nie, dass du schlauer bist als dein Gegner.
6. Powerplay-Regel: Intrige & Verleumdung	Sündenböcke aufbauen, sich zum Schein bei Mächtigeren anbiedern *(If you can't beat them, join them)*, schlecht über andere reden, scheinheilig kooperieren.

* Robert Greene: *The 48 Laws of power.* Penguin Putnam Inc, USA 2000.

** «Manager Magazin» 6/2006, Klaus Werle: *Fiese Spiele.* Seiten 180–191.

Dieses bindungslose und vorteilmaximierende Verhalten, dieses konsequente Leben von Darwinismus und Opportunismus klingt zwar unappetitlich, ist aber unentbehrlicher strategischer und taktischer Kompass auf dem Weg nach oben. Diese dunkle Seite der Macht wird gerade von denen, die sie perfekt vorleben, empört negiert.

Der Kollege, der seinem Vorgesetzen scheinheilig vorschwärmte, wie nett sich die konkurrierende Kollegin um ihre Familie kümmere – neulich habe sie lange mit ihrer Schwester telefoniert, die an Krebs erkrankt sei – wird aufrichtig an seine gute Absicht glauben und erstaunt zur Kenntnis nehmen, dass sie wegen privater Gespräche am Arbeitsplatz abgemahnt wurde und dass er und nicht seine fürsorgliche Arbeitskollegin in der nächsten Beförderung berücksichtigt wird.*

Nicht zu unterschätzen sind auch Machtspiele mit Alumni-Netzwerken. Einem langjährigen Betriebsleiter wurde bei einer Neubesetzung ein Branchenfremder in der Zentrale vor die Nase gesetzt. Der neue CEO räumte ihm nach etlichen Grundsatzdebatten sechs Monate Zeit ein, aber der passive Widerstand blieb, alle subtilen Powerplay-Regeln wurden gespielt. Es kam zum Kündigungsgespräch. Nach der Freistellung benutzte dieser Betriebsleiter das Alumni-Netzwerk, das er vorher sehr gepflegt hatte, zur Legendenbildung. Diese externen Meinungsmacher sind für den neuen CEO fast unerreichbar und kaum direkt zu beeinflussen. Der informelle Einfluss dieses Alumni-Netzwerkes zum Beispiel beim Aufsichtsrat war größer als derjenige des CEOs, was dazu führte, dass seine strategischen

* Ebenda, Seite 191.

Vorschläge von einem mit diesem Netzwerk stark verbandelten Aufsichtsrat massiv zurückgeschraubt wurden. Gekämpft wird nur vordergründig mit Argumenten. Und: Man sieht sich immer zweimal. Mindestens.

Die dritte Form von Machtausübung, nämlich das Nichtausüben von Macht, führt zu entscheidungslahmen Organisationen, zu basisdemokratischem Gelaber; tolerante Gleichgültigkeit ist die Maxime, es wird nicht entschieden oder wenn, dann über die Bande gespielt (wenn entschieden wird, ist nicht nachvollziehbar, warum), der oder die Bosse sind Windfahnen und nett zueinander. Das alles führt zu starker Fraktionsbildung, zu höfischem Gehabe und fördert starke Bereichsfürsten. Kurz: Die Affen regieren den Zoo. Nachdem die Alt-68-er in der Teppichetage durchmarschiert sind, wurde diese Art der Führung leider oft bitterer Alltag.

Brutal wird es erst, wenn die drei beschriebenen Modelle der Machtausübung gemischt werden: Sie wähnen sich in einem funktionalen Machtmodell, haben es aber gleichzeitig mit starkem dysfunktionalem Powerplay zu tun und mit Bereichen, die nicht entscheiden. Das führt zu *Corporate Infight* und zum Nullsummenspiel der selbstbeschäftigten Organisation. Gut für die Mitbewerber.

Management-Moden

In den letzten Jahren erschienen – ohne Anspruch auf Vollständigkeit und in alphabethischer Reihenfolge – folgende Management-Bücher:

- Das Aal-Prinzip
- Das Alchimedus-Prinzip
- Das Aldi-Prinzip

- Das Bumerang-Prinzip
- Das Delphi-Prinzip
- Das David-Prinzip
- Das dialogische Prinzip
- Das Dilbert-Prinzip
- Das Edison-Prinzip
- Das Eisenhower-Prinzip
- Das Fisch-Prinzip
- Das Frosch-Prinzip
- Das Harvard-Prinzip
- Das Kakerlaken-Prinzip
- Das Kato-Prinzip
- Das Legimitations-Prinzip
- Das Lego-Prinzip
- Das Leuchtturm-Prinzip
- Das Lola-Prinzip
- Das Lot-Prinzip
- Das Mäuse-Prinzip
- Das Mephisto-Prinzip
- Das Mojave-Prinzip
- Das Nachhaltigkeits-Prinzip
- Das Omega-Prinzip
- Das Paulus-Prinzip
- Das Peter-Prinzip
- Das Pinguin-Prinzip
- Das Power-Prinzip
- Das Pyramide-Prinzip
- Das Seerosen-Prinzip
- Das systemische Konsens-Prinzip
- Das Universal-Prinzip
- Das Wiki-Prinzip

– Das Zebra-Prinzip

Da bleibt nur: Das Prinzip Hoffnung (Ernst Bloch).
→ *Hype*

Manipulation
Jede durchschnittliche Führungskraft wird Ihnen seine Abscheu zum Wort «Manipulation» bekunden: Das tut man nicht. Dabei macht sie den ganzen Tag – vorausgesetzt sie ist erfolgreich – nichts anderes. Denn im nächsten Atemzug wird sie Ihnen mit glänzenden Augen von der «Implementation» von X und Y erzählen. Dabei stammt das Wort Manipulation – genauso wie das Wort Management – vom lateinischen Wortstamm «manus» («handhaben, an der Hand führen») ab. Management will doch nichts anderes als: «Ich will, dass Du etwas willst, und zwar so, dass Du meinst, dass Du es willst – und zwar so, wie ich es will.»

Marktforschung
→ *Statistik*

Matrixorganisation
Was haben eine Gebärmutter und komplexe Organisationen gemeinsam? Matrix (von spätlat. matrix: Gebärmutter, Gebärerin) steht für eine Mehrlinienorganisation, die zwei Leitungssysteme miteinander kombiniert. Große Organisationen pendeln im Mehrjahrestakt je nach Management-Mode und Beratungsfirma zwischen Linienorganisation und Matrixorganisation hin und her. In der Matrixorganisation stehen Mitarbeiter per Definition in mehreren Weisungsbeziehungen; zum Beispiel sind sie

den Leitern der verrichtungsbezogenen Abteilungen Beschaffung, Produktion und Absatz und gleichzeitig den objektbezogenen Produkt-Managern unterstellt.

Die Folge davon sind hoher Selbstbeschäftigungsgrad einer Organisation, hoher Abstimmungsaufwand, hohe Anfälligkeit auf politische Intrigen und *Corporate Infight*, sowie tiefe Berechenbarkeit («Wer war jetzt gestern zuständig für die Frage XY?» oder: «Von wem muss ich jetzt dieses Dokument freizeichnen lassen?»). Die Gefahr von Kompetenzkonflikten, Machtkämpfen und unbefriedigenden Kompromissen, Zurechnungsprobleme von Erfolgen und Misserfolgen, ein allgemeiner Mangel an Transparenz, aufwändige Regelungen der Kompetenzen, hohe Koordinationskosten, ein hoher Kommunikationsaufwand, eine schwerfällige und lang andauernde Entscheidungsfindung, Belastung von Mitarbeitern, ein hoher Bedarf an qualifizierten Managern und die Unsicherheit der Ausführungsstellen infolge der Mehrfachunterstellung zählen zu den Nachteilen dieser Organisationsform.

Die Stärke der Matrixorganisation sind gerade diese Nachteile: Die Komplexität der Organisation vermag so am ehesten die Komplexität der Märkte abzubilden. Eine weitere Stärke ist die starke informelle Vernetzung, die Selbstorganisation, die allerdings meist durch gleichzeitig stark hierarchiebetonte Systeme konterkariert wird.

MBO

Management by Objectives (deutsch: Führen durch Zielvereinbarung).

→ *Zielvereinbarung*

Milieu-Intelligenz

→ *Controlling*

Mitarbeiter

Spätestens in den letzten zehn Zeilen eines Jahresberichtes würdigt der durchschnittliche Vorstandsvorsitzende den «wichtigsten Wert» seiner Unternehmung: Seine Mitarbeiter (wobei der Begriff die Frauen miteinschließt). Er spricht Lob und Dank dafür aus, dass sie (zumindest in der Eigenwahrnehmung) ackern wie Pferde und bezahlt werden wie Ponys.

Blättert man im selben Jahresbericht weiter, um diesen Wert irgendwo in der Bilanz wiederzufinden – es bringt nichts. Dort wird dieser Wert – wenn überhaupt – als Kostenfaktor ausgewiesen («Personalkosten»). Und man fragt sich, ob in diesem daueroptimierten Nirwana der Organisation «der Mensch als Mittelpunkt steht oder der Mensch als Mittel. Punkt.»*

Mitarbeiterzufriedenheit

«Wie war das Essen in der Kantine?» Alle ein bis zwei Jahre kursieren sie wieder, die Fragebogen mit den 100 bis 200 Fragen zur Mitarbeiterzufriedenheit. Von der Qualität des Kantine-Essens über die Farbe der neuen Teppiche bis zur Zufriedenheit mit den Vorgesetzten wird viel gefragt – und wenig gehandelt. Selten interessiert sich jemand (außer der Personalabteilung) vollen Herzens für diese Befragung (außer sie sei bonusrelevant, dann werden drei Tage vor Verteilung des Fragebogens die riskanten The-

* Diese Aussage wird dem Migros-Gründer Gottlieb Duttweiler zugeschrieben.

men indoktriniert – im Sinne von *where to tick the box*). Die meisten Organisationen machen es, weil man es schon immer machte oder weil ein TQM oder EFQM-Manual es verlangt.

Dabei greift die Frage nach der Zufriedenheit zu kurz, denn Zufriedenheit an einer Arbeitsstelle ist hauptsächlich von exogenen, fremdbestimmten Faktoren abhängig: je größer das alternative Job-Angebot, desto tiefer in der Regel die Mitarbeiterzufriedenheit. Und je kleiner das alternative Job-Angebot, desto größer die Zufriedenheit, desto größer die Bereitschaft, einen Spagat zu machen und Zustände in ihrer Mittelmäßigkeit hinzunehmen. Dieselbe Abhängigkeit ergibt sich in der Alterspyramide (je älter ein Mitarbeiter, desto kleiner die Chancen im Job-Markt und desto größer die Abhängigkeit von Hypothek und Geldgeber). Deshalb sagt mir eine Indexzahl über die Personalzufriedenheit in einer Organisation etwa so viel wie die Fieberzahl bei einem vermeintlich gesunden Menschen über das Vorhandensein eines allfälligen Hirntumors. Nichts.

Motivation

Kennen Sie diese Geschichte? Seit einigen Wochen wiederholt sich im Stadtpark die immer gleiche Szene. Zwei Jugendliche machen sich einen Sport daraus, einen Rentner auf der Parkbank zu ärgern.

Der Rentner überlegt sich, wie er dies abstellen könnte. Er verspricht den zwei Jungen 20 Euro Belohnung, wenn sie ihn morgen so richtig tüchtig ärgern würden. Anderntags geben sich die zwei so richtig Mühe. Und sie kriegen 20 Euro auf die Hand. Am nächsten Tag legen sie noch einen drauf und ärgern ihn doppelt. Der Rentner gibt ihnen 10 Euro. Die Jungen, etwas verdutzt – aber so leicht verdient ist das Geld – machen sich Gedanken, wie sie den Rentner morgen noch mehr ärgern könnten.

Am nächsten Tag geben sie nochmals einen drauf. Der Rentner gibt ihnen als Dank 20 Cent. Die Jungen sind enttäuscht, schauen zuerst auf die 20 Cent, dann auf den Rentner und geben ihm die 20 Cent mit dem Kommentar zurück: «Für 20 Cent kannst Du Dich selber ärgern.»

Soweit der Witz, hier die Realität: «Es gibt keine externe Motivation, sie muss immer intern sein. Das Gehirn unseres Gegenübers muss vom Belohnungswert der Verhaltensänderung selbst überzeugt sein. Die beste Motivation ist diejenige, die eine Person sich aus freien Stücken selbst gibt (subjektiver Sinn, subjektive Belohnungserwartung)», so der Hirnforscher Gerhard Roth.*

Die Balance zwischen intrinsischer und extrinsischer Motivation ist entscheidend. Die meisten Belohnungssysteme zielen jedoch allein auf extrinsische – also auf geldwerte und materielle – Motivation. Wie kurzatmig. Denn irgendwann können Sie dem Esel die vorgehängte Rübe nicht mehr vergrößern.

Eine Forschergruppe in Großbritannien klärte einmal, wie lange die Motivationsdauer einer Lohnerhöhung bei Mitarbeitenden anhält.

Das ernüchternde Resultat der Forschung war: sechs Wochen! Und meist dauert der administrative Prozess, bis das Geld auf dem Konto des Beglückten eintrifft, mehr als sechs Wochen. Die Erklärung ist einfach: Für die Betroffenen ist eine Lohnerhöhung immer etwas Rückwirken-

* Gerhard Roth: *Höchstleistung.* In: Spurwechsel. Murmann-Verlag, Hamburg 2006.

des, also etwas, «das mir schon lange zusteht». Viele Chefs missverstehen deshalb Lohnerhöhungen als Investition in die Zukunft.

→ *Zielvereinbarung;* → *Wertschätzung;* → *Vertrauen*

N

Nachhaltigkeit

→ *Worthülsen*

Negaholiker

Die Antwort ist «Nein» – was war die Frage?

Netzwerk

Modernistischer Begriff für das, was früher mit Filz oder Klüngel umschrieben wurde. Zu unterscheiden sind informelle Netzwerke, zum Beispiel zur Machtpromotion, und formelle Netzwerke, zum Beispiel Alumni-Netzwerke, zur Bearbeitung des «Nährbodens für zukünftige Entscheide».

New Public Managment

New Public Management (NPM) oder «Wirkungsorientierte Verwaltung» sind Formen der Staatsmodernisierung und Verwaltungsreform, vorangetrieben von wirtschaftsliberalen Politikern, die meist auf halber Strecke abgewählt werden. Lassen wir die polemische Frage des Widerspruchs von Verwaltung und Effizienz einmal beiseite und wenden uns den Stichworten zu, die NPM ausmachen: Kundenorientierung, Kostenorientierung, flache Hierarchien, Projekt-Management, Zielvereinbarung und TQM – alles Themen, die schon in den effizienzgetrimmten Wirtschaftsunternehmungen als Synonym für Verlangsamung und Selbstbeschäftigung stehen. Der Abbau von Bürokratie ist so alt wie die Bürokratie selber.

Dominant ist auch die Kritik, NPM sei «staatsfeindlich», fordere den «Rückbau des Staates», begünstige einseitig private Erstellung und Erfüllung von Aufgaben (Deregulierung, Privatisierung) und zerstöre die Grundlagen der partizipativen Demokratie, da die Reduktion des Bürgers zum schlichten Kunden keinen Fort-, sondern einen undemokratischen Rückschritt darstelle. Von betriebswirtschaftlicher Seite zeigen verschiedene Studien auf, dass NPM überhaupt keine Effizienzverbesserung herstellt, unter anderem, da mit Pseudo-Märkten agiert werde, dass die Reformen teurer seien als jede Einsparung (Beispiele aus Neuseeland und Großbritannien) und dass sich nach Jahren der Euphorie die Politik vom Thema abwendet. Die Sesselfurzer haben gesiegt.

Nivellierung
→ *Benchmarking*

Outsourcing

Wer eine Organisation (und damit die Kosten) in einem Hochlohnland nicht im Griff hat, wird sie auch in einem Tieflohnland nicht in den Griff kriegen. In Rumänien dauert es einfach etwas länger, bis man es herausfindet, als in Luxemburg. Die Auslagerung von Unternehmensaufgaben und -strukturen an Drittunternehmen oder in andere Länder hat im Wesentlichen drei Hintergründe:

1. Die Unternehmen wollen auf die Kernkompetenzen fokussieren.
2. Die Unternehmen wollen die Kosten optimieren.
3. Es trifft beides zu.

In Deutschland wird mit dem Begriff Outsourcing oft die Auslagerung von Arbeitsplätzen in tarifungebundene Tochtergesellschaften verstanden. Steht die reine Kostenoptik hinter dem Outsourcing, so verschiebt sich erfahrungsgemäß die Problematik anstatt dass sie gelöst wird. Hier zur Illustration die Mindestlöhne in ausgewählten Staaten Europas (Stand 2008,* in Euro/Stunde):

Land	*Euro/Std.*	*Land*	*Euro/Std.*
Luxemburg	9,08	Spanien	3,59
Irland	8,65	Polen	4,81
Frankreich	8,44	Lettland	1,34
Großbritannien	7,39	Rumänien	0,80

* Quelle: WSI Mindestlohndatenbank, Wirtschafts- und Sozialwissenschaftliches Institut WSI der Hans-Böckler-Stiftung in Düsseldorf, Stand August 2007.

P

Papiertiger

→ *Reporting*

Paradoxie

Das Wesen von Entscheidung ist, dass eine Entscheidung nicht entscheidbar ist. Sonst müsste man ja nicht entscheiden.

→ *Zielkonflikte*

Personalentwicklung (PE)

Personalentwicklung hat die Aufgabe, Mitarbeiter, Teams und Organisationen bei ihrem Lernen professionell zu unterstützen. Ein gestandener HR-Profi und Konzernpersonalchef sagte einmal zu mir: «Entscheidend ist die Personalauswahl, nicht die Personalentwicklung. Aber da ich nun mal das Personal habe, das ich habe, muss ich es auch entwickeln.»

Dazu eine Anekdote: Ich war mehrere Tage Gast in einem herausragenden Hotel. Herausragend nicht wegen der Architektur oder der Lage, sondern aufgrund der Soft Factors. Ich wurde angenehm aufmerksam bewirtet. Alle Menschen, die mich im Service oder an der Rezeption bedienten, waren Persönlichkeiten mit strahlenden Augen. Ich fragte den Hotelier, mit wem er seine Personalschulung mache, da alle so herzlich seien. Seine Antwort: «Ganz einfach, ich stelle nur herzliche Menschen ein, denn zu Herzlichkeit kann ich Mitarbeiter nicht entwickeln. Sie sind herzlich oder sie sind es nicht. Was ich tun kann: ich schaffe das Umfeld, damit sie herzlich sein können, oder ich verhindere es.»

Ich kenne nur wenige Unternehmen, die eine konsequente Personalentwicklung, ausgerichtet auf die strategischen Ziele und die kommunizierten Unternehmenswerte, praktizieren.

Oft gleicht die PE eher einem Bauchladen, mit dem situativ Hilferufe aus der Linie abgedeckt werden: da etwas Teamentwicklung, dort etwas Konflikt-Management und hier etwas Schnellbleiche für Projektleiter und in Ausnahmefällen ein MBA zur Bindung eines High Potentials. Folge ist, dass Ausbildungen angeboten werden, die in hohem Maße austauschbar sind und die in der Regel den Teilnehmenden nur das bestätigen, was sie schon wissen oder zu wissen meinten, und das abwehren, was neu und anders ist, was die Unternehmung neu denkt und die Zukunft umarmt.

Neueste neurologische Erkenntnisse bestätigen unfreiwillig dieses beliebige Bauchladenprinzip mancher PE-Strategien, rechtfertigen es jedoch nicht: Diesen Studien zufolge hat ein Mensch mit zirka 18 Jahren seinen Charakter gebildet und damit das Ausmaß seiner Veränderbarkeit weitgehend festgelegt.

«Menschen suchen sich danach diejenige Umwelt, die zu ihrem Charakter passt, anstatt sich bestimmten Umwelten in wesentlichem Masse anzupassen.»* Lernen und verändern ist also, zumindest neurologisch gedeutet, unerwünscht. Und entsprechend homöopatisch in der Wirkung (die oft gar nicht gemessen oder mit anderen Maßnahmen

* Gerhard Roth: *Höchstleistung*. In: Spurwechsel. Murmann-Verlag, Hamburg 2006, Seite 43

verzahnt werden) sind die angebotenen PE-Programme. Einer US-Studie zufolge werden Weiterbildungsmaßnahmen, die nicht innert 72 Stunden nach Ende des Workshops umgesetzt werden, gar nie umgesetzt.

Nagelprobe ist die Frage, wie oft im Jahr PE in Konzernleitung oder Vorstand Thema ist und warum. Die ehrliche Antwort ist: selten bis nie, weil PE Teil des HR ist und HR nicht Teil der Konzernleitung.

Ein ganz anderer Aspekt ist, dass der überwiegende Teil der PE-Programme auf die Entwicklung von Fähigkeiten fokussiert: Fachkompetenz, Methodenkompetenz, und wenns hoch kommt, personale und soziale Kompetenzen. Dieser Fokus blendet einen großen Teil des Könnens und der Leistungsfähigkeit aus, die Talente nämlich.

Fähigkeiten sind, WAS wir tun; Motivation ist, WARUM wir etwas tun, die Einstellung ist, WIE GUT wir etwas tun; Talente hingegen sind eine natürliche Gabe, das «Was», das «Warum» und das «Wie gut» sind weitgehend synchron in talentgetriebenen Tätigkeiten. Auch Assessements fokussieren fast ausschließlich auf Fähigkeiten, unter anderem deshalb, weil das Herausarbeiten von Talenten bei einem unbekannten Gegenüber schwieriger ist als das Ablesen von Fähigkeiten, die mit bisherigen Tätigkeiten schon unter Beweis gestellt wurden.

Die Unterschiede Talente versus Fähigkeiten sind einfach zu definieren: Talent ist eine Gabe, etwas Persönliches. Hingegen sind Fähigkeiten etwas Erlerntes, etwas, das man weitergeben kann. Top-Exzellenz ohne Talent ist jedoch unmöglich. Sie können noch so lange Geigenstunden nehmen, ohne Talent werden Sie nie die Leistung einer Anne-Sophie Mutter erreichen (und selbst mit Talent dürfte es schwierig werden). Talententwicklung muss deshalb viel individueller erfolgen. Will in Zukunft die Personalentwicklung wirklich das gesamte Drehmoment seiner Top-Performer nutzen, wird es nicht darum herum kommen, auch Talententwicklungsprogramme anzubieten.

Placebo

Im Management bekannt unter dem Begriff Placebo-Kommunikation. Nichtssagend viel sagen ist weit verbreitet und erkennbar an Placebo-Äußerungen wie: «Das ist eine Herausforderung», «Das ist interessant», oder «Das ist echt spannend», «Nehmen Sies nicht persönlich», «Das kann man so nicht sagen», «Das Vergnügen ist ganz meinerseits», «Ich sag Ihnen das ganz offen und ehrlich», «Diese Diskussion ist mir wichtig», «Ich danke Ihnen für diese Frage», «Hier ist noch Abstimmungsbedarf» usw.

Kommunikationsbeauftragte, Wolkenschieber und andere Meinungsarchitekten bedienen sich Floskeln wie: «Gerüchte werden nicht kommentiert», «Man hat sich im gegenseitigen Einverständnis getrennt», «Unterschiedliche strategische Vorstellungen» usw.

→ *Ausreden*, → *Lüge*, → *Worthülsen*

Post Merger Intergration PMI

→ *Effizienz*

Powerplay

→ *Macht*, → *Autorität*

Powerpoint

Stellen Sie sich vor: Zwei Folien mit schwarzem Hintergrund, unten rechts das Firmenlogo (ein weißes Kreuz), auf der ersten Folie die vier Buchstaben versal gesetzt «URBI», dann wandelt sich das Kreuz unten rechts zu einem Plus und «fliegt» in die Mitte, hinten an das Wort URBI. Dann wird die Folie geschaltet, und auf der zweiten Folie formieren sich die vier Buchstaben «ORBI» hinter das Plus. Dazu stellen Sie sich zwei- bis dreihunderttausend Menschen vor, die sich begeistert-geduldig auf dem Petersplatz in Rom aufgestellt haben, um den päpstlichen Segen zu empfangen. Absurd? Zumindest in Teppichetagen nicht.

Diese Firma ist erfolgreich. Die katholische Kirche – immerhin eines der ältesten Unternehmen der Welt (und eines der erfolgreichsten) – ist im Markt mit dem Sinn ganz erfolgreich. Im Markt mit dem Unsinn hat es Microsoft mit Powerpoint fast so weit geschafft, nur viel schneller.

Eine Erhebung zum Thema «Interne Kommunikation» ergab, dass eine Führungskraft im Durchschnitt pro Jahr 4800 Powerpoint-Folien präsentiert bekommt*. Microsoft selbst geht davon aus, dass täglich dreißig Millionen Präsentationen mit Powerpoint gehalten werden. In letzter Konsequenz ist Powerpoint nichts mehr als die Fortsetzung der Höhlenmalerei, von Moses steinernen Tafeln, Luthers Thesen an der Kirchenpforte in Wittenberg und der Schulwandtafel – mit dem klitzekleinen Unterschied, dass selbst der größte Stuss in einer Powerpoint-Folie noch einigermaßen plausibel dargestellt werden kann.

* Erhebung der Daimler Chrysler AG, 2002.

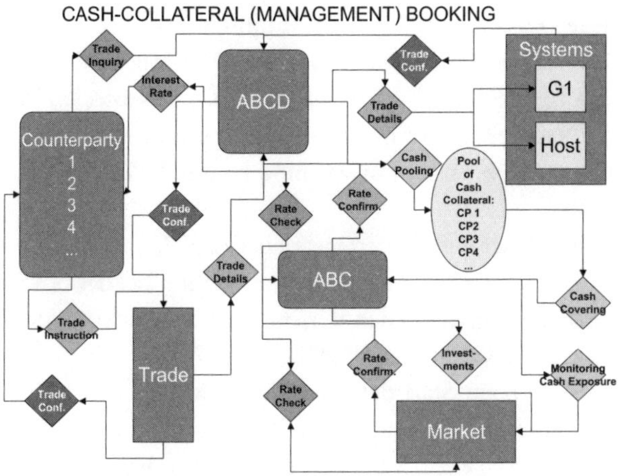

Einer der heftigsten Powerpoint-Kritiker ist der Yale-Professor Edward Tufte. Er vergleicht Powerpoint-Präsentation mit Schultheateraufführungen: «Sehr laut, sehr langweilig und sehr schlicht.» Powerpoint sei vollkommen redner- statt publikumsorientiert, weil es primär darauf ausgerichtet ist, dem Sprecher die Aufgabe zu erleichtern.* Die glühendsten Fans sind konsequenterweise immer die Referenten, nicht die Zuhörer: «Sinnbildlicher Ausdruck davon ist die zunehmende Unsichtbarkeit des Redners, der sich hinter seinem Laptop versteckt, mehr auf den Bildschirm als ins Publikum schaut und der umgekehrt vom Publikum, das die Augen starr auf die Leinwand richtet, links liegen gelassen wird. Es kann im Grunde auf ihn verzichten.»**

* Edward Tufte: *The cognitive Style of Powerpoint.*

** Guido Mingels: «Das Magazin» 08/2004, Seite 17.

Tuftes Hauptvorwurf: Powerpoint zwinge dazu, komplexe Zusammenhänge zu simplifizieren. Es verlangt nach Einweglösungen, verhindert Dialektik und bevorzugt binäre Denkweisen wie ja/nein, gut/schlecht, Vorteil/Nachteil. Dies führt beim Zuhörer immer wieder zur missmutigen Frage: Für wie blöd halten die mich eigentlich?

Eines der aufsehenerregenden Beispiele gab Tufte mit der Analyse einer Powerpoint-Präsentation bei der NASA, die sogar Eingang in den Bericht der Untersuchungskommision des Columbia-Unglücks fand:* «Nach dem Zwischenfall beim Start der Raumfähre hatten Boeing-Techniker während des Fluges eine Risikostudie durchgeführt, um einzuschätzen, ob der Schaden am Flügel bei der Rückkehr zur Gefahr werden könnte. Ihre Überlegungen präsentierten sie den Entscheidungsträgern bei der NASA nicht in Form eines ausführlichen Rapports, sondern auf Powerpoint-Folien. Die entscheidende Folie mit der zusammenfassenden Darstellung war ein eigentliches Powerpoint-Festival:

Punktlisten

- auf
- nicht weniger als
  - 6 Hierarchiestufen
    - unvrst. Abk.,
    - Wortketten statt Sätze
      - Kurz:

alles ziemlich schwer zu entziffern. Der Hinweis auf ein mögliches Risiko war in der Präsentation durchaus ent-

* Guido Mingels, «Das Magazin» 08/2004, Seite 15 ff.

halten, ging jedoch laut Tufte im grafischen Chaos völlig unter.»

Gängige Praxis ist auch, die eigentliche Präsentation mit umfangreichem Back-up-Material abzusichern, sodass nie jemand behaupten könnte, die Fakten seien nicht auf dem Tisch gelegen. Solche Back-ups sind nichts anderes als Ausdruck einer ausgeprägter *Save-your-ass*-Kultur.

Powerpoint-gewohnte Augen beginnen gemäß einer Studie der Arizona State University anderen Darstellungsformen zu misstrauen. Psychologen haben folgendes Experiment durchgeführt: Drei Gruppen mit freiwilligen Probanden wurden Informationen über den fiktiven Highschool-Studenten Andrew präsentiert, der sich für ein Stipendium an einer Sportuniversität bewirbt. Eine Gruppe erfuhr Andrews Football-Statistik in Ziffern auf einem Blatt Papier, die zweite Gruppe bekam dieselben Werte als Balkengrafik, und die dritte erhielt eine Powerpoint-Präsentation mit animierter Balkengrafik, die vor ihren Augen in die Höhe wuchs. Die erste Gruppe bewertete Andrews Aussichten auf das Stipendium im Durchschnitt mit 4,5 auf einer Skala von 1 bis 7 (7 = am besten), die zweite Gruppe gab ihm eine 5, die dritte aber eine 6. Powerpoint verlieh Andrew Power.*

Warum nur hält sich niemand an die goldene Powerpoint-Regel, die seit eh und je heißt: 30 – 20 – 10? 30 Minuten Zeit, 20 Punkt Schriftgröße, 10 Folien. Wenn du nichts zu sagen hast, brauchst du ein Instrument, das dir dabei hilft, es nicht zu sagen.

* Guido Mingels: «Das Magazin» 08/2004, Seite 17.

Bei Google gibt es – um das eingangs gezeichnete Bild vom Powerpoint-Papst abzurunden – 175 Millionen Hits für Jesus, 63,3 Millionen Hits für Powerpoint, 37,4 Millionen für Allah, 27,4 Millionen für Buddha und 14,5 Millionen für den Teufel.

Powerpoint-Karaoke

Powerpoint Karaoke ist eine Veranstaltung, bei der Freiwillige eine ihnen völlig unbekannte Präsentationen vor Publikum halten müssen. Dabei handelt es sich um nichts weniger als absolut zufällig per Google aus dem Netz zusammengecasteter Powerpoint-Horror.

Wer freiwillig mitmacht, hat nicht nur die Wahl zwischen «Kleine Geschichte des Kiefernholzmöbels» und «Die ATR-Systemik inverser Pliasmen», sondern bekommt auch den ganzen Abend lang Frei-Wodka.

Über das Gesehene urteilt eine Jury, die aus Experten der Oberfläche, aber auch des Tiefgründigen besteht. Die zuweilen kulturzersetzende Wirkung von Powerpoint kann auch ihre lustigen Seiten haben. Die Berieselung wird so zur Performance.

Die Granate für Blender: Erfunden wurde Powerpoint-Karaoke von der «Zentralen Intelligenz Agentur», die Weltpremiere fand im Januar 2006 im Berlin statt.

Projekte

Ein CEO eines marktdominierenden Unternehmens in einem monopolähnlichen Markt mit 1000 Mitarbeitenden erzählte mir stolz, dass die Anzahl Projekte im Gesamtunternehmen innert eines Jahres um 10 Prozent reduziert werden konnte. Wie viele nun übrig geblieben seien, fragte ich ihn. 10? 50? 100? Es waren deren 790! Also pro Mitarbeiter fast ein Projekt, die blauen Kragen mitgerechnet. Das muss man sich erst mal leisten können.

Hier zeigt sich eine der Schwächen heutigen Managements auf: Man ist sehr gut im Beginnen von Neuem, trommelt schnell mal zum 17. Kick-off für ein neues Projekt. Aber man ist sehr schlecht im Sterben lassen, im Identifizieren, welches Projekt nicht mehr weitergezogen werden sollte.

Das ist für mich auch eine der Hauptursachen des unheimlich großen Arbeitsdrucks. Viele angefangene Projekte bedeuten viele Baustellen und haben fehlendes Workload-Management der Führungskräfte zur Folge. Primäre Aufgabe jeder Führungskraft müsste sein, jeden Tag darüber nachzudenken, was nicht mehr getan, was «kreativ zerstört» (Schumpeter) werden soll, von welcher Projektleiche man sich endgültig trennt.

Es braucht mitunter Rückgrat und Zivilcourage, den Vorstand zu überzeugen, dass das dringende Schnellschussprojekt «Phönix 2017» nur auf Kosten eines anderen Projektes priorisiert werden kann.

Es beginnt sich die Projektkiller-Regel «One-in-one-out» langsam in einigen Organisationen durchzusetzen und zu bewähren.

Psychopathen

Haben Sie in Ihrem Umfeld eine oder mehrere Führungskräfte, auf den oder die einige oder mehrere nachfolgender Kriterien zutreffen? Nach Robert D. Hare, einem eremitierten Professor für Psychologie im kanadischen Vancouver, dem weltweit führenden Experten für Persönlichkeitsstörung (Psychopathie), gibt es 20 Kriterien für Psychopathen:

1. glatter, oberflächlicher Charme,
2. grandiose Selbstüberschätzung,
3. ständiges Bedürfnis nach Stimulation,
4. pathologisches Lügen,
5. manipulierend,
6. kein Schuldgefühl,
7. schwache Emotionen,
8. nicht mitfühlend,
9. parasitärer Lebensstil,
10. wenig Verhaltenskontrolle,
11. promiskuitives Sexualverhalten,
12. frühe Verhaltensprobleme,
13. keine langfristigen Lebensziele,
14. Impulsivität,
15. unverantwortliches Handeln,
16. Weigerung, Verantwortung zu übernehmen,
17. viele Kurzzeitbeziehungen,
18. Jugendkriminalität,
19. verletzen von Bewährungsauflagen,
20. große kriminelle Energie.

Oft zu beobachtend ist, dass sich ein Psychopath hinter der Fassade des erfolgreichen Managers verstecken darf, sein Umfeld dies – wider besseres Wissen – toleriert und erträgt. Wie erkennt man einen Psychopathen? Robert D. Hare entwickelte eine Psychopathie-Checkliste, die sich als das Standard-Testinstrument in Forschung und klinischer Praxis durchgesetzt hat. Die oben aufgelisteten 20 Kriterien werden je einzeln beurteilt. Für jedes Kriterium werden 0 (= nicht zutreffend), 1 (= vielleicht) oder 2 (= zutreffend) Punkte vergeben. Wer mehr als 30 Punkte erzielt, gilt als deutlich pathologischer Psychopath. Testen Sie doch mal Ihr Umfeld!

Q

Qualitäts-Management

«Ich kann das Wort Qualitäts-Management nicht mehr hören» sagte mir die Erzieherin in einer staatlichen Institution. «Seit Monaten bin ich dazu verdammt, eine Arbeitsgruppe zu diesem Thema in unserem Heim zu leiten. Aber keine Sau interessiert sich für unsere Arbeit. Wir haben Vorgaben von unserer vorgesetzten Stelle, QM bis Ende Jahr einzuführen. Und jedesmal, wenn wir einen Schritt weiter sind, sagen uns die Mitarbeiter, dass sie es lieber so wie immer machen möchten. Das Ganze bringt nichts. Ich sollte jetzt noch zusätzlich zu meiner Betreuungsarbeit über jedes Kind einen zweiseitigen Beobachtungsbericht schreiben. Stellen Sie sich mal vor: Ich überwache beispielsweise zwölf Kinder während einer ganzen Nacht. Nach zwölf Stunden sollte ich zu jedem Kind noch zwei Seiten schreiben. Das bezahlt mir niemand. Und ich bin mir auch nicht sicher, ob das dann schließlich noch jemand liest.»

Solches und Ähnliches höre ich in Abwandlungen seit Jahren von Mitarbeitenden an der Basis, seit die Zertifizierungswut grassiert. Und ich frage mich, wem nützt das? Eine Antwort habe ich immer noch nicht. Noch ein Beispiel von QM?

In einem Bauprojekt wollten wir eine automatische Türe von der Tiefgarage zum Treppenhaus, damit man nicht die ganzen Taschen und Tüten, die man aus dem Auto schleppt, ablegen muss, um die Türe zu öffnen. Die Planer schlugen einen Bewegungsmelder vor, der den Türöffner betätigt. So weit so gut. Ich äußerte dann den Wunsch, derselbe Bewegungsmelder solle gleichzeitig den Aufzug hinunterholen. Denn was nützt es, wenn ich zwar die Tüten für das Öffnen der Tür nicht ablegen muss, aber dann für die Betätigung des Liftknopfes?

Geht nicht, sagt das Qualitätsmanagement-Manual des Elektroplaners, weil er nicht in die Systeme des Aufzugskonstrukteurs eingreifen darf. Geht nicht, sagt der Aufzugsanbieter, weil er aus Gründen des Qualitäts-Managements seine Systeme anderen nicht öffnen darf. Geht nicht, sagt der Planer, weil keiner der Anbieter Garantiegewährleistungen übernehme, wenn die Systeme abgeändert würden und zugleich eine Freigabe durch die staatlichen Aufsichtsbehörden fraglich sei. Für mich sind das alles Ausreden und letztlich ein Ausdruck von Denkfaulheit, weil sich die jeweils Verantwortlichen hinter Manuals verstecken und Kundenwünsche abblocken können. Wie gesagt, meine Frage, wem nützt das, ist dadurch auch nicht befriedigend beantwortet.

Postscriptum 1: Auf der Webseite des Aufzugsanbieters steht: *Leadership through Service* und «Wir haben den festen Willen, dem Kunden rund um die Uhr vorbildlich und zuverlässig zu dienen.»*

Postscriptum 2: Um den Aufzug automatisch über den Bewegungsmelder zu bestellen, brauchte es ein kleines Schaltelement und genau eine Stunde Arbeit eines Elekt-

* www.schindler.com

rikers, nachdem die Qualitäts-Manager die Baustelle verlassen hatten.

Quarantänen-Filter

Dringende E-Mails und aufwändige Aufträge von Papiertigern werden vier Wochen in Quarantäne gelegt. Wenn das Thema überlebt, ist es reif, um abgearbeitet zu werden. Fatalistisches Fazit: Es könnte ja sein, dass in den vier Wochen eh wieder alles anders aussschaut.

Querdenker

Denken Sie nicht zu quer. Querdenker sterben eher und sind länger tot. Wie erkennt man Querdenker in Organisationen? An ihren Motiven. Es geht nicht um Ruhm, Bereicherung und Karriere, sondern um die bessere Idee.

Das schwarze Schaf verzichtet auf Ruhm und Ehre zu Lebzeiten und nimmt sogar Strafen auf sich, die durchaus lebensverkürzend sein können. Dies belegt eine Studie, die schottische Forscher der Universität Sheffield auf der Insel St. Kilda durchführten. Die Soay-Schafe gibts in zwei Farben, dunkel und hell. Paaren sich ein helles und ein dunkles Schaf, wird das Lamm dunkel, weil das entsprechende Gen dominant ist. Dieses Gen ist auch für die Körpergröße verantwortlich. Die dunklen Tiere sind schon bei Geburt größer und schwerer als die hellen, ein Vorteil für ein langes Leben, sollte man meinen. Das Gegenteil ist richtig: Zwischen 1985 und 2005 schrumpfte die Gruppe der schwarzen Schafe auf dieser Insel: Schwarze Schafe sterben früher.* Nicht nur in Organisationen.

* «Science», Band 319, Seite 318 ff.

Es gibt sie, die unangepassten, gegen den Strich Denkenden, die angestammtes Gedankengut und Altbewährtes gegen den Strich bürsten. Abgetan als neurotische Spinner oder egozentrische Sonderlinge, die sagen, was viele sehen und keiner zu sagen wagt. Historische Figuren wie Heraklit, Sokrates, Platon und Aristoteles, Michelangelo, Leonardo da Vinci und Kopernikus, aber auch die Religionsstifter wie Konfuzius, Jesus und Buddha – sie alle waren Querdenker und Neuerer.

Quick-win

Schnelle Triebbefriedigung eines Projekt-Managers, dessen Projekt meist mehr Meilensteine als Meilen hat. Die alte Indianerweisheit zum Thema ist noch nicht zu ihm vorgedrungen: «Quick win – long lose.»

→ *Botox-Change;* → *Change-Management;* → *Placebo*

Reporting

Eine wahre Begebenheit meiner Karriere: In den frühen 1980er-Jahren beriet ich McDonalds in der Schweiz. Ich habe selten bei einem einzelnen Kunden so viel gelernt, Nützliches wie Unnützes: Jedes Land musste einmal pro Jahr einen umfangreichen Statusreport abliefern. Von den «Economical frame Conditions» über das «Competitive Environement» bis hin runter zum einzelnen «Store» (Restaurant). Zahlen, Daten, Fakten, um irgendeinen Papiertiger in der Konzernzentrale in Oak Brook, USA, zu befriedigen. Immerhin 200 bis 250 Seiten, und das in der Vor-PC-Ära.

Das erste Jahr nahm ich das sehr ernst. Wir lieferten das Ding (mit IBM-Kugelkopf getippt). Das zweite Jahr wollten wir den Aufwand optimieren und korrigierten die meisten Zahlen mit Tipp-Ex und aktualisierten einige Textseiten. Im dritten Jahr versiegte der Ehrgeiz. Grund war mangelnde Motivation, weil wir nie irgendeinen Bezug zu diesem Report in der unterjährigen Tagesarbeit hatten.

In meinem Frust schrieb ich – nun mit einem «modernen» Schreibsystem – auf Seite 137 mitten in den Fließtext: «Wer immer diese Zeile liest und mich bis zum 31. Dezember dieses Jahres anruft, erhält von mir ein Abendessen im Restaurant seiner Wahl – irgendwo auf dieser Welt. Hans Rudolf Jost.»

Dann gings weiter im Fließtext. Ich habe bis heute keinen Anruf erhalten, nicht mal vom Schweizer Hauptsitz.

Jahre später erzählte ich diese Geschichte einem Lizenznehmer. Wir lachten herzlich über unseren gemeinsamen Feind, den Papiertiger, und ich nahm seine Einladung zum Abendessen dankend an.

Reputation

Im Zeitalter der Inszenierung und der medialen Selbstdarstellung ist die Reputation entscheidender Teil im Kampf um die Gunst von Kunden, Medien, Analysten und anderen Interessensgruppen: Ich bin, wer ich in den Augen der anderen bin.

Offenbar sind heute Unternehmen von innen mehr bedroht als von außen – zum Beispiel durch die Telekom-Vorstände, die mit Spitzelattacken auf Kunden und Journalisten die Unternehmensreputation aufs Spiel setzen. Oder die VW-Manager, die Nutten für Betriebsräte finanzieren. Oder die Siemens-Bosse, die milliardenschwere Schmiergeldkassen ansammeln, von denen – außer einigen Prokuristen – angeblich niemand weiß. Oder die EADS-Vorstände, die durch Insiderdeals an der Börse schnell noch Kasse machen, bevor die Kurse abstürzen. Oder die Lidl-Manager, die Videobespitzelungen von Mitarbeitenden verantworten. Oder die goldenen Fallschirme, die fetten Boni und die Selbstbedienungsmentalität, die das Vertrauen und die Glaubwürdigkeit der Bosse untergraben. «Es braucht 20 Jahre, um Reputation aufzubauen, aber es braucht nur fünf Minuten, um sie zu ruinieren», so Warren Buffet.

Risk Management

→ *Compliance*

S

Sandwich-Manager

Druck von oben, Druck von unten – das umschreibt die Sandwich-Position. Doch wie im richtigen Leben: Das Beste vom Sandwich ist in der Mitte.

Schaulaufen

Präsentationstermin der mittleren oder höheren Führungskräfte beim Vorstand mit dem Hauptzweck der Förderung der eigenen Karriere, sich und seine Abteilung ins beste Licht zu rücken, Übertreiben von Chancen mit gleichzeitigem Ausblenden von Problemen.

Der einzelne Vorstand wird sich hüten, einen Schauläufer herunterzuputzen, da er froh ist, wenn es die anderen Vorstände beim nächsten Schauläufer aus seinem Bereich auch nicht tun. «Wenn ich wissen will, wie es wirklich in der Organisation aussieht, gehe ich zwei Stunden in die Fabrikhalle und rede mit den Leuten. Da höre ich die ungeschminkte Wahrheit», so ein powerpointgebeutelter Vorstand.

Shareholder Value

Rappaport, der Vater des Shareholder-Value-Ansatzes, hat sich auf seine Ranch in San Diego zurückgezogen und sinniert über seine Theorie, die zum Dämonen mutierte und ihre Kinder gefressen hat. Eine auf Sharheolder-Value angelegte Unternehmenspolitik hätte eigentlich das Ziel, den Wert der Unternehmung und damit die Stellung der Eigentümer zu stärken.

Aber das Gegenteil ist passiert. Das Eigentum und die Verantwortung für das Unternehmen haben sich abgekoppelt. Börsenjongleure und raffgierige Topshots mit ihren Millionenboni machten sich daran, Rappaports Theorie zu pervertieren. Kurzfristige spekulative Höchstrenditen auf Kosten der Firmensubstanz und des langfristigen Überlebens führten zur Ausplünderung von Unternehmen. Dabei war es egal, ob sie Eigentümer sind oder nicht, es genügten Zertifikate, Optionen und gehedgte Positionen. Und wie alle Übertreibungen führte auch diese an den Abgrund. Folge: das neue ABC der Krise, das sich so liest:

Abzockerkrise
Bankenkrise
Chefetagenkrise
Derivatekrise
Erdölkrise
Finanzkrise
Glaubwürdigkeitskrise
Hedgefond-Krise
Immobilienkrise
Jobkrise
Kommunikationskrise
Liquiditätskrise
Milliardenbillionentrillionenkrise
Nullbockaufkonsumkrise
Optionskrise
Prognosenkrise
Quersubventionskrise
Raffgierkrise
Subprime-Krise

Tieferfallkommtnachdemhochmutkrise
Underperformance-Krise
VW-Krise
Wachstumskrise
XwieDaxkrise
Yield-Krise
Zertifikatskrise

Rappaport hat vermutlich nie geahnt, dass sein Shareholder-Value-Konzept es sooo weit bringen würde.

Sinnorientierung

Kaum ein modernes Management-Buch, das nicht betont, wie wichtig die Sinnhaftigkeit der Arbeit sei. Dazu zwei Zahlen: Bis zu 35 Prozent aller Ehen bahnen sich im Büro an. Und 14 Prozent der Arbeitnehmer hatten schon Sex im Büro.*

Sitzungen

Aus dem Leben eines Executive nicht mehr wegzudenken: Die Sitzung. Langweilen Sie die vielen Meetings und Konferenzen? Suchen sie Abhilfe? Dann führen Sie folgende elf Regeln zur Revolutionierung der Sitzungskultur ein:

- *Verkürzen:* Keine Sitzung dauert länger als eine Stunde.
- *Verknappen I:* Maximal vier Stunden pro Tag für Sitzungen sind erlaubt.
- *Verteuern:* Zu Beginn jeder Sitzung muss der Sitzungsleiter die Kosten des Meetings bekannt geben (Anzahl Personen x Stundenansatz im Markt x Anzahl Stunden).

---

* Jochen Mai: *Das Büro in Zahlen,* www.karrierebibel.de

- *Verpassen:* Pünktlich kommen; Meetings sind wie Züge: Wer am Anfang nicht da ist, versäumt das Meeting.
- *Verstummen:* Handy aus, keine Blackberry-Kommunikation.
- *Verknappen II:* Keine Agenda = keine Sitzung: maximum drei Agenda-Punkte sind erlaubt.
- *Verboten:* Powerpoint ist verboten. Wenn nicht durchsetzbar, sind maximal drei Folien pro Präsentation erlaubt.
- *Verknappen III:* Kleiner Kreis (keine Meetings mit über sieben Personen, maximal eine Person pro Bereich).
- *Verantworten:* Meetings sind immer entscheidungsfähig, egal wer abwesend ist.
- *Verzichten:* In jedem Meeting muss es eine Brainstorming-Sequenz geben zu kritischen Fragen wie: Was wäre, wenn wir das nicht tun? Was tun wir in Zukunft nicht mehr? Worauf können wir getrost verzichten?
- *Verwarnen:* Es liegt eine Hupe bereit, um Regelverstöße deutlich machen (zum Beispiel nicht ausreden lassen); Leute, die Stroh dreschen, anhupen.

Noch nie durchgedrungen bin ich mit den Empfehlungen «Stehung statt Sitzung» (wir entfernen alle Stühle aus allen Sitzungszimmern), oder mit der Forderung «Keep-them-cool-and-hungry» (Sitzungen beginnen nie vor 11 Uhr – also mit leerem Magen; keine Kekse, keine Erfrischungen, keine Getränke; die Steuerung der Air Condition wird auf «mega cool» gestellt. Drei ultimative Sitzungs-Beschleuniger.) Führen Sie diese Kulturrevolution beim Vorstand als Pilot ein.

→ *Bullshit Bingo*

Sozialkompetenz

Sozialkompetenz ist nicht einfach Gutmensch-Attitüde, sondern die Fähigkeit, Ziele zu erreichen, mit Zielkonflikten umgehen zu können, mit Druck (eigenem und fremdem) umgehen zu können. Kurz, eine gemeinsam erlebte Wirklichkeit gemeinsam fruchtbringend zu gestalten. Vielfach wird sie im Management-Kauderwelsch als Plastikwort eingesetzt, um die normalen Grundlagen zivilisierten, menschlichen Zusammenlebens zu beschreiben. Spätestens wenn Kündigungs- oder andere unangenehme Gespräche anstehen, wird nach Sozialkompetenz gefragt: Wer kriegt den Schwarzen Peter?

«Ist denn Sozialkompetenz lernbar?», werde ich immer wieder gefragt. Meist von Menschen, die sich mit dieser Frage irgendwie verraten und mit einem Anflug von Triumph und Glanz in den Augen überzeugt sind, Sozialkompetenz gehöre quasi zur Basisausstattung jedes Manager-Modells und sei von der Natur gegeben, nach dem Motto: «Es ist ja nicht mein Problem, wenn die Leute ein Problem mit mir haben.»

Ja und Nein ist meine Antwort. Die vier wichtigsten Voraussetzungen für Sozialkompetenz sind meiner Meinung nach ganz einfach: Es sind Anstand und Respekt, Demut und Authentizität. Wer Anstand hat, verfügt über Basisregeln, die ungestörter Interaktion dienlich ist. Wer Respekt (sich und dem andern) lebt, anerkennt Eigenheiten und Individualität. Demut – nicht die christlich-unterwürfige Demut, sondern Demut verstanden als bewusstes Wahrnehmen von Grenzen, meiner Grenze, die Grenzen der Anderen, Leistungsgrenzen, Talentgrenzen usw. – ist die dritte Grundvoraussetzung zur Sozialkompetenz, zusammen mit der Authentizität: verstanden als Echtheit, Aufrichtigkeit, Ehrlichkeit, Verlässlichkeit, Berechenbarkeit.

Diese vier Säulen der Sozialkompetenz sind mehr als nur die halbe Miete. Alle vier sind nur bedingt lernbar. Kommt noch die «kommunikative Kompetenz» und die «emotionale Intelligenz» dazu, also wie ich mit meinen Gefühlen, mit Widerständen umgehe. Auch das ist lernbar. Aber vieles ist halt in unseren archaischen Affekten enthalten. Da blitzt das Tier in uns durch. Wenn wir als Jäger unterwegs sind und uns eine Beute unverhofft anlacht, dann brechen Instinkte durch. Wenn die Gier durchbricht, dann wirds für die Vernunft gefährlich, Instinkte wirken reflexartig. Wer Instinkte im Griff hat – oder versucht, sie im Griff zu haben –, der hat ein sehr abgeklärtes Verhältnis zu sich selbst. Und dies ist kaum lernbar.

Speed Management

Was nützt das Tempo, wenn die Richtung nicht stimmt?

Statistik

Kennen Sie den Marktforscher-Witz? Ein Jäger will einen Hasen erlegen. Seine Flinte hat zwei Schuss. Mit dem ersten Schuss schiesst er einen Meter links am Hasen vorbei. Der zweite Schuss geht einen Meter rechts am Hasen vorbei. Fazit: Statistisch gesehen ist der Hase tot.

Strategie

«Strategie ist die Ersetzung des Zufalls durch Irrtum», so das Bonmot in Führungsetagen. Kein Wunder: Geschäftsleitungen von Schweizer Firmen arbeiten durchschnittlich zwei Tage im Monat im Team.* In deutschen Geschäftsleitungen dürfte es nicht anders sein. Von diesen zwei Tagen entfallen etwas mehr als 10 Prozent der gemeinsamen Zeit auf Strategieformulierung und -überprüfung. Anders ausgedrückt: Zirka 2,5 Tage im Jahr beschäftigen sich die obersten Schweizer Führungskräfte gemeinsam mit den grundlegenden Fragen ihres Unternehmens. Ich kenne einen Fall, in dem ein Milliarden-Merger im Vorstand innert 60 Minuten durchgewunken wurde, derselbe Vorstand sich jedoch fast zwei Stunden Zeit nahm, um die Führungsgrundsätze zu diskutieren.

Womit beschäftigen sich Führungskräfte im Alltag?

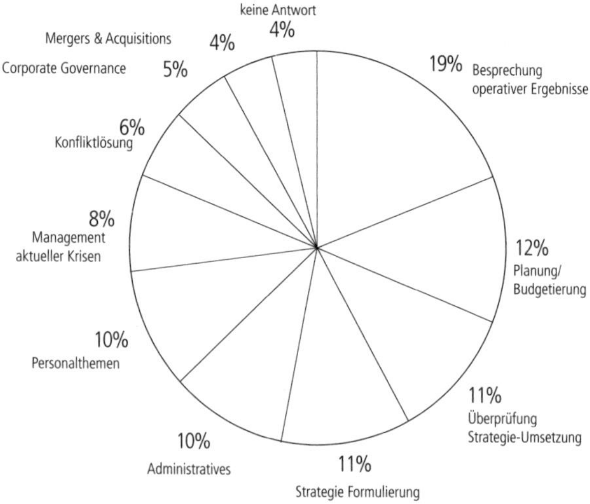

* Befragung von 389 Schweizer Führungskräften der obersten Geschäftsleitung, Horvath & Partners in Zusammenarbeit mit der Universität Zürich, 2006.

Der Zeitaufwand für Führungs-Meetings schwankt auch im Bereich der öffentlichen Verwaltungen stark: 44 Prozent der Führungskräfte verbringt maximal einen Tag pro Monat zusammen.* Nur 6 Prozent dieser Zeit wird für strategische Themen eingesetzt. An erster Stelle stehen Administratives (13 Prozent) sowie Führungs- und Personalthemen (12 Prozent), gefolgt von Planung/Budgetierung (9 Prozent) und Management aktueller Krisen (9 Prozent).

Fazit: Führungs-Teams investieren wenig Zeit in ihre Kernaufgaben. Ein Schweizer Feinchemikalienhersteller hat den Fokus der Geschäftsleitungssitzungen radikal geändert, indem der CEO nur in den ersten 30 Minuten die Besprechung operativer Ergebnisse zulässt. Der Rest der Agenda wird für wertschöpfende strategische Fragen reserviert.**

Fazit: «Strategische Planung ist der okkulte Teil des Managements. Denn wenn Strategie und Realität nicht übereinstimmen, ist es schlecht. Für die Realität.» Seufzer eines überforderten *Flexecutive*.

Supply Chain Management

Rechnen Sie diese Logistiktheorie nochmals durch auf der Basis eines Preises von 10 Euro pro Liter Diesel.

* Internationale Befragung der oberen Führungsebene in öffentlichen Verwaltungen und Einrichtungen unter 587 Top-Führungskräften aus 482 Organisationen, davon 192 in Deutschland, 163 in Österreich und 232 in der Schweiz. Durchgeführt von IPRI International Performance Research Institute im Auftrag von Horvath & Partners, 2006.

** Andrew Mountfield, «Alpha» 7.10.2006, Seite 1.

T

Talente

→ *Personalentwicklung PE*

Team

Kennen Sie den Unterschied zwischen einem Rudel und einem Team? Der Begriff Team stammt aus dem Englischen und bezeichnet ein Gespann, eine Mannschaft oder eine Kolonne. In einem Team zählt die Lösung, das Resultat, nicht die Hierarchie. Nicht der Boss schießt das Tor, sondern der bestplatzierte Spieler des Teams. In einem Rudel spielen die Beziehungen. In einem Rudel wird immer wieder von Neuem ermittelt, wer das Sagen hat. Kommt ein neues Mitglied in das Rudel, wird die Hackordnung neu geregelt.

Einer der verbreiteten Irrtümer im Management ist die Verwechslung von Team und Rudel. Im Team spielt die Hierarchie nur bei der Verantwortung eine Rolle, nicht bei der Entscheidung. Die meisten Teams, die ich erlebe, sind vom realen Verhalten her ganz klar Rudel.

Und die meisten Team-Entwicklungen sind eigentliche Rudel-Entwicklungen mit dem Ziel: Wie richten wir das Team auf das Alpha-Tier ab? Denn im Rudel zählen allein Hierarchiegeplänkel und Seilschaften; Konferenzrituale sind wichtig. Es geht um Hackordnung und Durchsetzungsvermögen, es gibt Sieger und Besiegte, Gewinner und Verlierer.

Im Team hingegen entscheidet das Team, der Chef verantwortet. Es können nur alle gewinnen. Oder nur alle verlieren. Der gemeinsame Erkenntnisfortschritt steht im Vordergrund.

Ein Rudel agiert im Herrschaftsfeld, Folge davon sind Fraktionenbildung, okkulte Balzrituale, höfisches Gehabe und *Corporate Infight*. Das Team hingegen agiert im Lösungsfeld. Es gilt das Prinzip des Diskurs, der Zielorientierung, der Sachfokussierung und der weitestgehenden Hierarchiefreiheit.

Der Vorteil eines Rudels ist: Es wird schnell und klar entschieden, im Team hingegen werden verlangsamte, jedoch verinnerlichte Entscheidungen erarbeitet. Die negative Seite eines Rudels sind Kadavergehorsam und blindes Unterlassertum, negativ an übertriebener Team-Kultur sind eine Eiapopeia-Arbeitsatmosphäre («Hauptsache, wir haben darüber geredet») und übertriebene Harmonie.

Die Stolpersteine eines Rudels sind: Die Hierarchie spielt nur bei der Verantwortung eine Rolle, nicht bei der Entscheidung. Folglich badet die Gruppe aus, was der Chef entscheidet. Stolperstein (oft zu beobachten) eines Teams ist: Sie wähnen sich im Team, handeln aber als Rudel.

Primäre Führungsaufgabe als Manager in einem Team ist: Die vom Team getroffene Entscheidung durchzusetzen, ein optimal ausgewogenes Team zusammenzusetzen, darauf zu achten, dass die Randbedingungen des Teams eingehalten werden und Dogmatiker zu entfernen. Das bedingt, dass die Führungskraft in der Lage ist, zu akzeptieren, dass das Team bessere Lösungen erarbeitet als die Leitungsperson allein. Problematisch bleibt, dass sich Team-Fähigkeit und Durchsetzungsfähigkeit erfahrungsgemäß nahezu ausschließen.

Was Teams scheitern lässt

Kommunikationsschwierigkeiten	*97 Prozent*
Unklarer Auftrag	*94 Prozent*
Keine Zusammenarbeitskultur	*91 Prozent*
Unausgesprochene Konflikte	*90 Prozent*
Fehlendes Vertrauen	*90 Prozent*
Machtkämpfe	*88 Prozent*
uneffektive Besprechungen	*85 Prozent*
Kein Teamleader	*80 Prozent*
Dominanz eigener Interessen	*70 Prozent*
Unklare Hierarchie	*57 Prozent*
Offene Konflikte	*54 Prozent*
Zu wenig Zeit	*48 Prozent*

Quelle: Akademie für Führungskräfte der Wirtschaft, Bad Harzburg/Befragung von 376 Managern.

Wissen Sie wie TEAM bei der Deutschen Telekom definiert wird?: **T**oll **E**in **A**nderer **M**achts! Dies weist auf ein unterschätztes Phänomen im Zusammenhang mit der Leistung von Teams hin, den Ringelmann-Effekt. Der französische Agraringenieur Maximilian Ringelmann (1862–1931) hat die Effizienz der Arbeit von Pferden, Ochsen, Maschinen und Menschen untersucht und dabei mit Modellversuchen herausgefunden, dass die Leistung von Personen im Team kleiner ist als die Summe der Leistungen, die jede Person für sich alleine erbringen würde. Am Beispiel von Tauziehen zeigte sich, dass wenn eine Person allein zog, sie im Durchschnitt eine Kraft von 63 kg entwickelte. Zwei Personen zusammen entwickelten aber nur die Kraft von 118 kg und 3 Personen entwickelten zusammen 160 kg (statt 189 kg). Wenn ein einzelner Tauzieher 100 Prozent Einsatz bringt, bringen

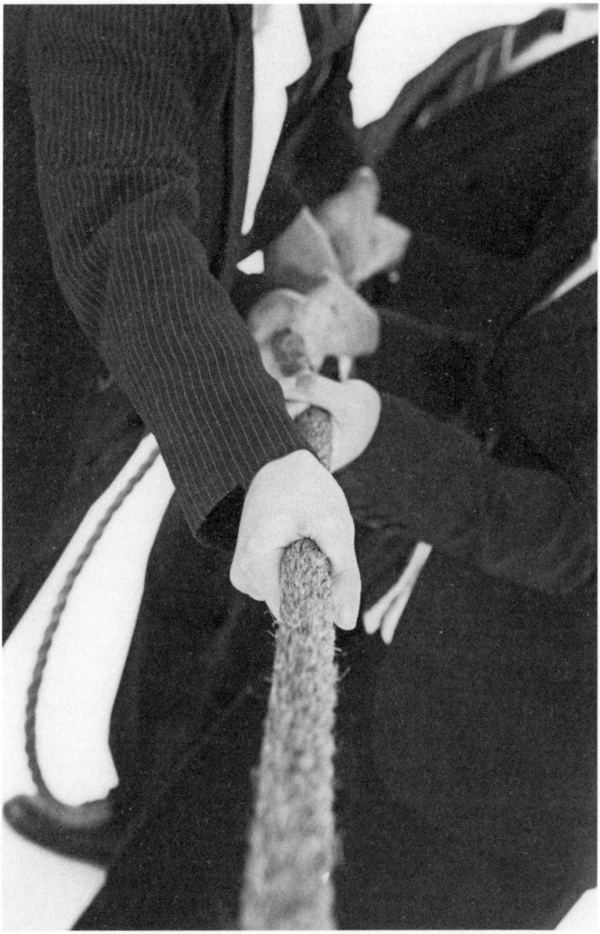

zwei, die sich abrackern, nicht etwa 2 x 100 Prozent, sondern nur etwa 2 x 93 Prozent, 3 Personen 3 x 85 Prozent und 8 Personen nur 8 x 49 Prozent. Ganz offensichtlich handelt es sich hier um einen linearen Zusammenhang zwischen der Anzahl der Gruppenmitglieder und der Leistung. Die Formel dazu lautet:

$$P = 100 \text{ Prozent} - (7{,}3 \times (n - 1)) \text{ Prozent}$$

Wobei P die Leistung des Einzelnen in einer Gruppe und n die Anzahl Mitglieder bezeichnet.* Diese Erkenntnis ist 120 Jahre alt. Mit ihr könnte man sich einige als Team-Entwicklung getarnte Rudelentwicklungen sparen.

TQM

→ *Qualitäts-Management*

Trendforschung

Die Zukunft zwischen vielleicht und wahrscheinlich.

* The Ringelmann Effect: *Studies of group size and group performance.* Journal of Experimantal social Psychology, 10, 371–384.

U

Ungeduld

Wenn Topshots in Management-Gazetten porträtiert werden, gibt es meist ein Informationskästchen mit den wichtigsten, biografischen Daten, ergänzt mit der Rubrik «Stärken» und «Schwächen». Unter «Stärken» steht dann das ganze Wort-Arsenal positiv besetzter Manager-Eigenschaften, also von Menschen, denen es an nichts mangelt – schon gar nicht an Defiziten: von «rascher Kombinationsgabe» bis zu «Teamplayer».

Und was steht in der Rubrik «Schwäche?» Richtig: Ungeduld. Und was jedoch bedeutet in diesem Zusammenhang Ungeduld? Es ist eine Umdrehung einer vermeintlichen Schwäche in eine Stärke («Geschwindigkeit ist alles»). Fragen Sie dann das Vorzimmer, wie Ungeduld im Alltag zu deuten sei, erhalten Sie wenig schmeichelhafte Definitionen: Sanguiniker, Choleriker, nicht zuhören, rumbrüllen usw. Ungeduld ist per Definition die Abwesenheit von Langmut und Gelassenheit.

Unternehmenskultur

«Kultur ist etwas für Weicheier», «Kultur bringt nix», «Wir sind da, um Geld zu verdienen», «Kommen Sie mir mit Kultur, wenn der Krieg gewonnen ist», «Kultur ist was für die Softies aus der Personalabteilung». Mit diesen Antworten müssen Sie in der durchschnittlichen mitteleuropäischen Chefetage rechnen, wenn Sie das Thema Unternehmenskultur auf den Radar schieben wollen. Dabei ist Unternehmenskultur das letzte aktive gestaltbare und beeinflussbare Differenzierungsmerkmal einer Organisation.

Differenzierung über den Preis? Rechnet sich nicht. Differenzierung über die Innovation? Die Chinesen habens in 3 Wochen kopiert. Differenzierung über das Marketing? Wunschdenken der Werber. Differenzierung über die Beschaffungskosten? Die Konkurrenz findet immer einen billigeren Billiganbieter. Differenzierung über die Corporate Culture? Warum sonst finden die besten Talente, die loyalsten Kunden zu Ihnen? Unternehmenskultur ist damit *das* brachliegende Feld, das es aktiv zu bewirtschaften gilt. Und trotzdem kümmern sich wenige Bosse aktiv und bewusst und die Gestaltung der Corporate Culture.

Der große Irrtum ist jedoch, dass Unternehmenskultur mit einem Projekt entwickelt oder verändert werden könne. Das Projekt «Culture-Change 2010» ist automatisch zum scheitern verurteilt, da Kultur nie ein *Stand-Alone*-Thema sein darf. Wenn dann dieses Programm fatalerweise noch von der Personalabteilung initiiert wird, dann ist die Erfolgsfreiheit programmiert. In der Linie heißt es dann schnell: «Da kommen wieder die Gutmenschen von HR und sagen uns, was zu tun sei. Wir haben wirklich Wichtigeres zu tun, wir sind im Krieg. Corporate Culture können wir dann angehen, wenn der Krieg gewonnen ist.» Deshalb muss eine Kulturveränderung immer zwingend mit einem unternehmensstrategischen Topthema verknüpft werden, quasi als trojanisches Pferd, und verlangt konsequenterweise das volle Engagements eines CEOs, einer Konzernleitung und eines Gesamtvorstandes.

Solche Trojaner-Themen sind zum Beispiel der Abbau von Bürokratie, die Beschleunigung von Abläufen, der Abbau von Bereichsegoismen und Silodenken, das Durchsetzen von Risikobewusstsein (zum Beispiel in Finanzinstituten), die Förderung der Sicherheit, die Beschleunigung von Innovation, die Förderung von konsequenter Kundenorientierung, die strategische Neuausrichtung oder «Fit-for-sell»-Programme.

Wenn aufgezeigt werden kann, wie ein strategisches Schlüsselprojekt besser und schneller erreicht wird, wenn auch die *soft factors* mit einbezogen werden, ist auch die härteste Stahlhelmfraktion bereit, sich dem Thema zuzuwenden.

Viele Organisationen begnügen sich mit der Entwicklung von Leitbildern, von Führungsgrundsätzen oder einer breiter angelegten Kulturanalyse und sind dann heillos froh, wenn die Schublade zugeht und man sich wieder den wichtigen Dingen zuwenden kann. Im schlechteren Falle wird ein solcher Prozess von systemischen Beratern durchgeführt, die ihnen dann mit komplizierten Argumenten erklären, dass allein schon die Analyse ein Eingriff zur Veränderung sei.

Bittere Realität solchen Denkens ist, dass diejenigen, die bereit waren, konstruktiv auf das Thema einzusteigen, feststellen, dass es nichts weiter als eine weitere Ankündigung war, und diejenigen, die dem ganzen kritisch gegenüberstanden, sich bestätigt sehen. Damit ist das Thema für lange Zeit verbannt und vom Tisch.

Da aber Kultur kein *stand-alone*-Programm sein kann, kann es auch nicht *stand-alone* gestaltet werden. Misstrauen Sie allen Beratern, die Ihnen das weismachen wollen.

Unternehmertum

In einem Fünfsternehotel in Beverly Hills ging die Kundenzufriedenheit drastisch zurück. Reagiert wurde amerikanisch – der Hoteldirektor wurde gefeuert.

Der neue Direktor führte an seinem ersten Tag einen Vertrauenskredit für jeden Mitarbeitenden von 1000 Dollars pro Tag ein. Jeder Mitarbeiter konnte also, ohne irgendjemanden zu fragen, bis zu 1000 Dollar pro Tag für einen Kundenwunsch oder ähnliches investieren. Wenn ein Mitarbeiter beispielsweise im Aufzug auf der Krawatte eines Gastes einen Fleck feststellte, konnte der Mitarbeiter fragen: «Sie haben hier einen Fleck; darf ich Ihnen eine neue Krawatte schenken? Ist es Gucci oder Prada?»

Der Gast wird erstaunt ablehnen, sagen, dass er im Koffer noch eine Reservekrawatte habe, sich beim Mitarbeiter für die Aufmerksamkeit bedanken und einige Tage später im Golf Club erzählen, da hätte ihn doch ein Mitarbeiter im Aufzug tatsächlich gefragt, ob er ihm eine neue Krawatte kaufen könne, das sei echter Topservice, solche Aufmerksamkeit hätte er lange nicht mehr erlebt.

Innerhalb von sechs Monaten drehten die Kundenzufriedenheitswerte dieses Hotels wieder ins Positive. Bemerkenswert ist, dass dieser Vertrauenskredit nur in den seltensten Fällen in Anspruch genommen wurde, der höchste, je eingesetzte Einzelbetrag war 270 Dollar. *It's a mind game.* Und eine Frage des in den Mitarbeiter gesetzten Vertrauens. Will ich Unternehmer im Betrieb, muss ich Mitarbeiter wie Unternehmer behandeln.

Immer wenn ich in einer europäischen Chefetage diese Beispiel erzähle, nicken alle heftig, sind einverstanden, jedoch der Meinung, 100 Euro würden auch ausreichen.

Der Controller rechnet dann vor: 100 Euro × 12 000 Mitarbeitende × 220 Tage, die Firma sei technisch gesehen gleich bankrott, weil man sich solche risikobehafteten Rückstellungen nicht leisten könne. Man einigt sich schließlich auf 10 Euro, die von zwei Vorgesetzten freigegeben werden sollen, bevor sie eingesetzt werden. Und man ist erstaunt, warum Beverly Hills nicht auch in Europa stattfindet.

Eine controller-kompatiblere Version von Unternehmertum ist folgende Maßnahme: Vor jeder Sitzung wird ausgerechnet, was diese Sitzung kostet. Anzahl Anwesende multipliziert mit Anzahl Stunden multipliziert mit marktgerechten Ansätzen. Es wird sich jeder automatisch die Frage stellen, ob die 12 500 Euro, die diese Sitzung nun kostet, auch entsprechende Resultate bringe. Noch nie durchgedrungen bin ich mit der Empfehlung, dass Führungskräfte für ihre Entscheidungen mit ihrem Privatvermögen haften. Eine andere Maßnahme, um Unternehmertum zu fördern (und Kosten zu sparen): Sprechen Sie für zwei Jahre ein konsequentes Beraterverbot aus.

Vertikale Mobilität

Also ich finde diesen Begriff so nützlich wie einen Schneepflug in der Wüste: Soziologen bezeichnen damit die Bewegung zwischen höheren und niederen Positionen (sozialer Auf- und Abstieg) sowie die Bewegungsfähigkeit innerhalb von Generationen (sog. Inter- und Intragenerationenmobilität). Ein doch recht akademischer Ansatz, der im real existierenden Kapitalismus mit dem Leitsatz *Lead – follow or get out of my way* kollidiert. Denn hier gilt das Mobilitätsprinzip: *up or out.*

Vertrauen

Vergleichen Sie Vertrauen mit einem Schweizer Bankkonto: Man muss zuerst investieren, bevor man es belasten kann.

Vertrauensorganisation

Im real existierenden Kapitalismus kommt Vertrauen als trojanisches Pferd daher: Einerseits ist Vertrauen die Voraussetzung für eine verantwortungsbewusste Geschäftsführung, andererseits schwingt mit der Entwicklung der modernen Industrie immer eine gehörige Portion Misstrauen mit. Die tayloristisch geprägte Misstrauensorganisation entstand zu Beginn des 19. Jahrhunderts durch Rationalisierungsmöglichkeiten des arbeitsteiligen Einsatzes von Maschinen. Das davon abgeleitete Management-Verständnis betrachtet Organisationen «als reparaturbedürftige und -fähige Maschinen. Das Führungsverhalten ist auf das Betreiben dieser wohl zu ölenden Maschine gerichtet. Der Mensch tritt dabei als unzuverlässiger Erfüllungsgehilfe auf: Sein Verhalten ist somit zu reglementieren und zu überwachen (‹Supervision›). Eine derartig entstehende Misstrauensorganisation hat zu den aktuellen Krisenerscheinungen, mangelnder Innovationskraft, unzureichender Flexibilität und letztlich verminderter Wettbewerbsfähigkeit beigetragen, weil versäumt wurde, die in der Mitarbeiterschaft vorhandenen schöpferischen Potentiale kreativ für die Bewältigung des Wandels einzusetzen.»*

Dieser traditionelle tayloristische Ansatz des Managements besitzt zudem einen wesentlichen Nachteil: «Derart gestaltete Systeme produzieren selbst Eigenkomplexität in Organisationen, sie lenken das Verhalten der Mitarbeiter von den primären Zielen und Aufgaben ab und tendieren dazu, eine Organisation zu bürokratisieren und zu politisieren. Fortgeschrittene Arbeitsteilung und Spezialisierung werden zudem zur Sinnbremse, indem den Mitarbeitern im eigenen begrenzten Ausschnitt ihrer Aufgabe die Sinnhaftigkeit ihres Tuns zunehmend verloren geht.»**

Wenn Angst und Misstrauen Organisationen prägen, wenn jeder Vorgang politisch ist, wenn für jeden Fehler zwei bis drei Schuldige gesucht werden, die den Kopf hinhalten müssen, dann zeigt das nur, dass das Management-Verständnis dieser Unternehmung nicht weit über das 19. Jahrhundert hinaus gekommen ist. Vertrauen bedingt Misstrauen, es ist das logische Äquivalent. Aber es

* Prof. em. Dr. Dres. h.c. Knut Bleicher, Universität St. Gallen (HSG) im Vortrag « Die Suche nach geeigneten Organisationsstrukturen und -kulturen für den Wandel zur Wissensgesellschaft».

** Ebenda.

ist die Frage des Wie und des Wieviel, die entscheidend ist und bestimmt, wie Vertrauen sich manifestiert. Vertrauensverhalten ist mit einem Verhalten,

- das die eigene Verwundbarkeit steigert,
- gegenüber einer Person, die nicht der persönlichen Kontrolle unterliegt und
- das in einer Situation erfolgt, in der der erlittene Schaden, wenn ein anderer diese Verwundbarkeit ausnutzen sollte,
- größer als der gewonnene Vorteil ist, sollte der andere sie nicht ausnutzen.*

Vertrauen ist demzufolge ein «Problem der riskanten Vorleistung».** Darum sind alle Versuche, eine Organisation in Richtung einer funktionalen Fehlerkultur und in Richtung Angstfreiheit zu entwickeln, mit Risiken behaftet. Nagelproben des Vertrauens sind für mich:

- *Fehler des Monats:* Kann ich den dicken Hund des Monats ins Intranet stellen – oder überwiegen die Bedenken?
- *Maria-Theresien-Orden:* Kann ich jeden Monat einen Orden verleihen für nachvollziehbares Regelbrechen im Sinne eines innovationsfördernden Klimas?
- *Vertrauensarbeitszeit:* Bringe ich das beim Betriebsrat durch oder herrscht Controlletti-Kultur?
- *Offenlegung aller Gehälter:* Die ultimative Nagelprobe.

---

* Ulrich, Krystek, Stefanie Zumbrock: *Planung und Vertrauen.* Stuttgart 1993, S. 5.

** Niklas Luhmann: Vertrauen. *Ein Mechanismus der Reduktion sozialer Komplexität.* 3. A., Stuttgart 1989, Seite 23.

Mit diesen recht willkürlichen Beispielen haben wir das Problem der riskanten Vorleistung bestens illustriert. Und weil wenige Führungskräfte zu dieser Vorleistung bereit sind, erleben viele Führung wie eine Krawatte: Schön, aber zu eng.

Vision

Laut Lexikon definiert: Vision (lat.) die; a) übernatürliche Erscheinung (rel.) b) Halluzination (med.). → *Leitbild*

Visions-Entwicklung

Wir sitzen in einem Meeting. Der Boss formuliert mit glänzenden Augen seine Vision: «Ich möchte ein Pferd, das elegant und schwerelos über die Märkte galoppiert!»

Der Kreative geht in sein Büro und malt das eleganteste, schönste Pferd, das er sich vorstellen kann. In der nächsten Sitzung zeigt er der Runde sein Werk. Alle nicken zustimmend. Alle freuen sich, dass sie diese Vision mittragen dürfen und dass ein derart einzigartiges Pferd nun für die Firma galoppiert.

Einzig der Marketing-Leiter hat einen pragmatischen Einwand: «Also ich finde die Idee des Pferdes gut; ich denke, dass wir damit in den Märkten Erfolg haben werden. Aber unser Markt ist knallhart. Dieses Pferd hat zu elegante Beine. Damit es im Markt wirklich erfolgreich galoppieren kann, braucht das Pferd einfach stärkere Beine.» Alle nicken zustimmend.

Der Kreative geht wieder in sein Büro und malt dem Pferd die Beine eines Elefanten. Wieder zurück in der Sitzung. Alle finden das Pferd nun noch viel besser. Bis sich der Herr von der Forschungsabteilung verlegen räuspert und meint: «Das Pferd ist super. Aber müsste es nicht auch unsere strategisch führende Position in Forschung und Innovation dramatisieren?» Auch hier sind wieder alle einverstanden.

Der Kreative geht in sein Büro und malt dem Pferd einen Giraffenhals. Zurück in der Sitzung freuen sich alle über dieses elegante Pferd, das standfest über die Märkte galoppiert und gleichzeitig ein Symbol der Weitsicht und Innovationskraft ist. Alle sind einverstanden, bis auf den schlauen PR-Chef. Er fragt die Runde: «Dieses Pferd ist super, es repräsentiert wirklich unsere Firma. Aber wir sind doch ein Symbol, dass es immer aufwärts geht, genauso wie unsere Börsenkurse. Und für meine Investors-Relations sollte man dieses ‹Highflyer-Symbol› irgendwie auch noch zum Ausdruck bringen.» Alle sind froh, dass dieser wichtige Aspekt nun auch noch in die Vision einfliesst.

Der Kreative geht zurück in sein Reich und malt dem Pferd zwei Flügel. Wieder präsentiert er sein Meisterwerk an der nächsten Sitzung. Und er erntet unisono Beifall. Die Runde ist bereit, das Pferd, so wie es ist, zu verabschieden und auf die Märkte loszulassen. Kurz vor der Abstimmung meldet sich der Controller: «Das Pferd ist ohne Zweifel ein schönes Symbol für unsere Company. Aber wir sind bekannt dafür, dass wir eine sparsame Firma sind. Sollten wir diesen Aspekt nicht irgendwie auch berücksichtigen?» Alle sind einverstanden.

Der Kreative macht sich wieder ans Werk. Und er schneidet dem Pferd den Schwanz ab. Denn wofür ist ein Schwanz eigentlich gut? Für nichts. Also weg damit, zurück an die Sitzung. Das Pferd wird einstimmig verabschiedet.

Und jeder fragte sich später: Warum nur hatte dieses Pferd nicht das Zeug zum Sieger? Warum erkannte niemand dieses Urviech als Pferd, schließlich haben wir gemeinsam dieser Vision die Pferdeform gegeben? Alle haben dieses Pferd mit Herzblut mitgetragen und trotzdem soll es ein lahmer Gaul sein?

Vorbild

In einer Grundlagenstudie befragten wir 278 Topführungskräfte zum Thema Unternehmenskultur. Auf die Frage «Welches sind Ihrer persönlichen Meinung nach die wichtigsten Treiber von Unternehmenskultur», antworteten 72 Prozent mit «Vorbildwirkung der Vorgesetzten».

Wichtigste Treiber von Unternehmenskultur

«Welches sind Ihrer persönlichen Ansicht nach die drei wichtigsten Treiber von Unternehmenskultur?»

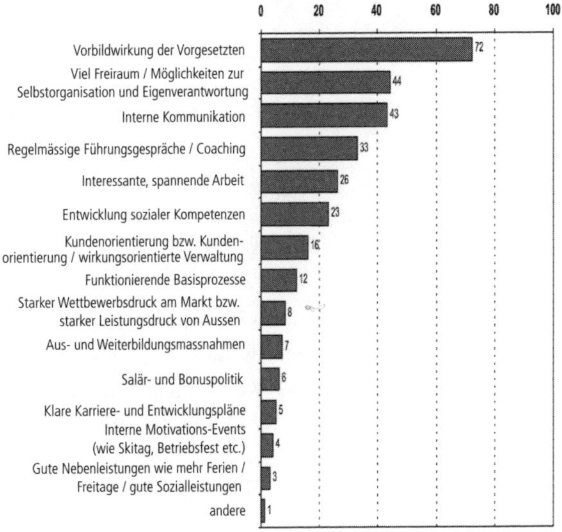

An zweiter und dritter Stelle – allerdings mit fast einem Drittel weniger Nennungen – wurden «Vertrauensorganisation» und «Kommunikation» genannt. Das heißt: Erst das sichtbare und beobachtbare Vorleben von Werten oder Leitbildern sorgt für deren nachhaltige Verankerung. Wir wissen es aus der Kindererziehung: Kinder tun nicht, was man ihnen sagt, sondern was sie sehen. Oder anders gesagt. Wer Liebe predigt, lehrt nicht lieben, sondern predigen.

Und: Was es heißt, entweder stark werteorientiert zu führen oder stark machtorientiert, zeigt dieses Bild:

Macht- und Werteorientierung: Rollen & Wirkung

Sind Sie nur machtorientiert, führen Sie als Herrscher. Sind Sie nur werteorientiert, wirken Sie als Gutmensch und Weltverbesserer. Sind sie weder macht- noch werteorientiert, sind Sie der tragische Held ohne Wirkung. Erst die Balance von Macht- und Werteorientierung macht Sie zum charismatischen Leader. Zum Vorbild.

W

Werbeagenturen

Institutionen (auch in den Bereichen PR-A, Event-A, DM-A, Media-A, Online-A, selten auch Tarnname für Etablissements mit erotischen Dienstleistungen) zur Förderung und Pflege der Profilneurose und der narzisstischen Selbsterhöhung des Führungspersonals auf der Basis von sklavenähnlichen Selbstausbeutungsmechanismen für das Bodenpersonal. Steht immer kurz vor dem Durchbruch zum großen Abschluss. Business-Modell: «Give me your watch and I tell you what time it is.»
→ *Consultants*

Werte

→ *Leitwerte*

Wertschätzung

Auf die Frage: «Nimmt Ihr Vorgesetzter Anteil an dem, was Sie beschäftigt?», antworteten in einer Online-Leserbefragung von «Alpha»* 14 Prozent mit «ja, sehr», 29 Prozent mit «teilweise», weitere 29 Prozent mit «kaum» und nochmals 28 Prozent mit «gar nicht». → *Commitment.* In einer Kulturanalyse äußerte sich ein langjähriger Mitarbeiter über die Wertschätzung wie folgt: «Wenn Du hier Anerkennung willst, musst du sie dir bei den Kunden holen.»

---

* Ein führender schweizerischer Stellenanzeiger für gehobene Führungskräfte vom August 2006.

Wertschöpfung

Das Wort Wert kommt vom altdeutschen Wort «Würde», laut Duden ein «achtunggebietender Wert, der einem Menschen innewohnt». Wirtschaften stammt nach selbiger Quelle vom Wortstamm «Werte schaffen» ab. Wertschöpfung ist darum das Endresultat (nicht der Ausgangspunkt) der Wertekette. Damit Wertschöpfung entsteht, muss zuerst ein Wert geschaffen werden – ein Wert, auf dessen Basis sich Marktteilnehmer finden, der als solcher akzeptiert und geschätzt wird. Durch diese Akzeptanz entsteht eine Wertschätzung. Erst diese Gemeinsamkeit in der Beurteilung des geschaffenen Wertes, diese gemeinsame Wert-Schätzung – ist die Basis für Wert-Schöpfung. Wird dieser Vorgang jedoch abgekürzt, sprechen wir bestenfalls von frühkapitalistischer Wertsch*r*öpfung.*

→ *Abzocker;* → *Shareholder Value*

Widerstand

Widerstand gilt es zu vermeiden. Für die durchschnittliche mitteleuropäische Führungskraft ist Widerstand etwas Unangenehmens, etwas zu vermeidendes. Oft ist es gar ein Akt der Illoyalität. Und entsprechend gefährlich kann offener oder versteckter Widerstand sein. Was aber sagt es über ein System aus, wenn er keinen Widerstand in sich hat? Das System ist entweder tot oder eine Sekte. Das Vorhandensein von Widerstand heißt also nichts anderes als: Es ist eine Restmenge von Identifikation im System. Denn wenn ich mich nicht mehr identifiziere – und sei es nur wenig –, werde ich mich auch nicht wehren. Widerstand

* Hans Rudolf Jost: *Der Change Navigator – Im Wandel wachsen.* Verlag A & O des Wissens, Zürich 1998, Seite 199 ff.

ist also ein MIS (ein Management-Informations-System), genauso wie Produktivitätszahlen, Umsatzzahlen oder Performance. Nur ist Widerstand nicht in einem Excel-Sheet abbildbar. Für Widerstand müsste eigentlich jede Führungskraft dankbar sein, denn es sind Informationen, die relevant sind. Widerstand gilt es also so gesehen zu umarmen.

Widerstand ist auch relativ normal, gerade in großen Veränderungsphasen rechnen nur die naivsten Excel-Sheet-Manager nicht mit Widerstand. Sicher haben Sie schon die Kurve der Veränderung gesehen:

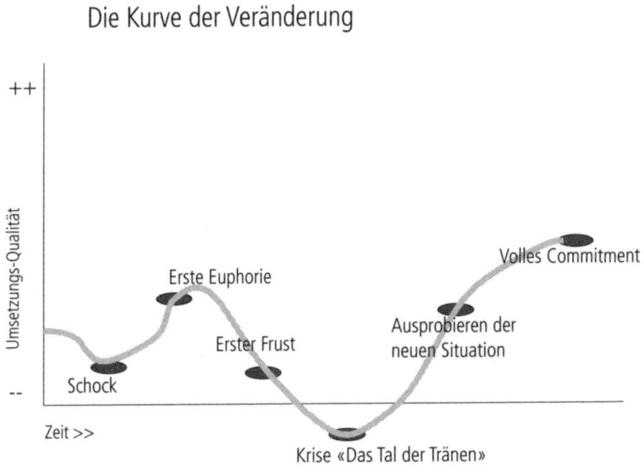

Diese Change-Kurve zeigt auf, dass wir durch das Tal der Tränen zu gehen haben, damit volles Commitment entsteht. So weit, so klar. Die Krux besteht jedoch darin, dass diese Change-Kurve emotional unterschiedlich erlebt wird. Die erste Kurve ist diejenige des Top-Managements.

Auch die gehen durch das Tal der Tränen, nur meist etwas schneller (und die Stellhebel sind etwas anders: *Lead – follow – or get out of my way*). Die zweite Kurve beschreibt zeitversetzt die mittlere Führungsebene – ungefähr zwei bis drei Monate später. Die dritte Kurve – nochmals zeitversetzt, in der Regel drei bis sechs Monate später, – steht für die Basis. Das Perfide an dieser Phasenverschiebung ist: Wenn das Top-Management in der Phase des vollen Commitments ist, steckt die Basis im Tal der Tränen:

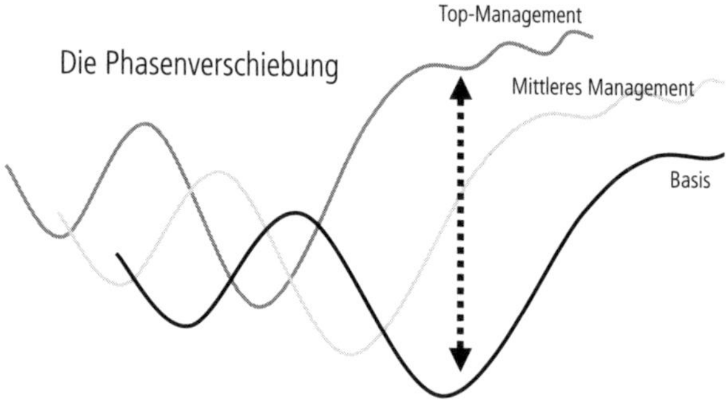

Fatale Intervention des Managements in dieser Phasenverschiebung: «Jetzt haben wir aber lange genug rumdiskutiert. Jetzt muss mal eine klare Ansage her!»

Reaktion der Basis: Unverständnis. Und: «Jetzt haben die doch im Kick-off gesagt: ‹Lasst uns dies als gemeinsamen Prozess gestalten, lasst uns Betroffene zu Beteiligten machen, lasst uns in aller Transparenz die Unabwägbarkeiten dieses Prozesses diskutieren, denn Sie sind uns wichtig, Ihre Rückmeldungen sind für uns wertvoll›.» Die Synchronisation dieser Phasenverschiebung ist heute die große Kunst der Führung.

Widerstand zeigt sich in verschiedenen Formen:
- Am willkommensten für jede Führungskraft ist der akvtive verbale Widerstand: Da weiß man, was man hat. Als aktiver verbaler Widerstand sind zu nennen: Widerspruch, Diskussion, Streit, Gegenargumente, Vorwürfe, Drohungen und Polemik. Dieser Widerstand ist zwar unangenehm, aber man kann ihn wahrnehmen und damit umgehen.
- Aktiver nonverbaler Widerstand sind: Sturer Formalismus, Intrigen, Unruhe, Gerüchte, Cliquenbildung und Sabotage.
- Passiver verbaler Widerstand sind: Ausweichen, bagatellisieren, schweigen, blödeln, ins Lächerliche ziehen, Galgenhumor, Unwichtiges bereden usw.
- Passiver nonverbaler Widerstand sind: Lustlosigkeit, Unaufmerksamkeit, Müdigkeit, Fernbleiben von der Arbeit, innere Emigration und Kündigung, Krankheit.

Das heißt nun nicht, dass bei der nächsten großen Grippewelle der passive nonverbale Widerstand ausgebrochen ist – manchmal ist es tatsächlich nur die Grippe.
→ *Change Management*, → *Corporate Mindchange*,
→ *Fusionen*

Windfahne
→ *Flexibilität*

Wissens-Management
Eine Management-Leiche aus den Neunzigerjahren, die nicht tot zu kriegen ist. Im Kern geht es darum, Wissen zugänglich zu machen, unabhängig von Personen. Ein

abenteuerlicher Ansatz, den sich fatalerweise IT unter den Nagel gerissen hat.

«Unser Wissen ist ein Tropfen. Was wir nicht wissen, ist ein Ozean.» (Sir Isaac Newton, 1643–1727, englischer Mathematiker, Physiker und Astronom.)

Work-Life-Balance

Ein richtiger Manager ist eine Kerze, die auf zwei Seiten brennt. Der «WirtschaftsWoche»-Redakteur Jochen Mai hat auf seinem Blog folgende bemerkenswerten Zahlen zusammengetragen: «Vier von fünf deutschen Managern arbeiten mehr als 50 Stunden pro Woche, 96 Prozent arbeiten auch am Wochenende. Nahezu 90 Prozent der deutschen Führungskräfte leiden unter Stress. 87 Prozent setzen auf den Ausgleich durch Familienleben und Partnerschaft, 70 Prozent dagegen auf Schlaf.*

Jeder Mitarbeiter vergeudet im Schnitt jährlich 39 Arbeitstage mit unproduktiven Tätigkeiten. 6 Prozent der Arbeitnehmer fühlen sich täglich unterfordert, 17 Prozent überfordert.**

Psychische Erkrankungen haben bei den Bürokräften mit 10,5 Prozent einen wachsenden Anteil am Krankenstand. Fast zwei Drittel der Arbeitnehmer gehen auch mal krank zur Arbeit. 43,3 Prozent der Angestellten stehen bei der Büroarbeit oft bis sehr oft unter Zeitdruck. Darunter leiden 48,6 Prozent der Männer und 34,2 Prozent der Frauen. 53,3 Prozent der Bürokräfte können nach Feierabend nicht mehr abschalten. 34 Prozent der Deutschen träumen nachts vom Büro und der Arbeit. Jede dritte Bü-

* Jochen Mai: *Der Boss in Zahlen,* www.karrierebibel.de

** Ebenda.

rokraft hat Rückenschmerzen, jede zweite Augenbeschwerden.»*

Der Begriff Work-Life-Balance schießt völlig am Ziel vorbei. Denn warum muss ich eine Balance herstellen zwischen einem *Work-Life* und einem *Private-Life*? Ich für mich, ich habe nur ein *One-Life*. Darum sind mir *balanced lifestyle* oder der Begriff «Life Balance» lieber. Denn ich kenne einige, die trotz großer Belastung auch großen Lustgewinn aus der Arbeit ziehen und den Stolz darüber mit dem Spruch «overworked and underpaid» zum Ausdruck bringen. Vielleicht bleibt noch etwas Geld übrig für die Schweigewoche im Kloster. Alternativ dazu schafft rumtoben, explodieren oder auch mal eine Zeitung zerreißen Abhilfe. Und kostet weniger.

Workload-Management

→ *Projekte*

Worthülsen

Nirgends wird so vielsagend nichts gesagt wie im Management. Hier eine Auswahl von Worthülsen, an pseudotransparenter Schwadroniererei, an warmer Luft, Airbag-Rhetorik, Plastikwörter und Schaumsprache und was damit gesagt werden will, wie alles in diesem Buch sauber alphabetisch aufgelistet:

* Jochen Mai: *Das Büro in Zahlen,* www.karrierebibel.de

Abstimmen	safe your ass
Anspruchsvoll	unmöglich
Benchmarking	Windschattenfahren
Denkanstoß	Nicht ernst gemeint
eng abstimmen	befehlen, an die Leine nehmen
Ergebnisorientiert	ohne Rücksicht auf Verluste
Ethik	Feigenblatt
Fördern und fordern	Dressur nach definierten Limits
Gesamtheitlich	so viel, wie auf einer Powerpoint-Folie Platz hat
Grenzwertig	unzumutbar
Herausforderung	Problem
Hier besteht Anpassungsbedarf	Weitermachen bis die Hölle gefriert
Implementierung	Verordnen statt verankern
Interessant	langweilt mich
Knackpunkt	Problem ist bekannt, aber ich löse es nicht
Lassen Sie uns das offen diskutieren	Mein Weg ist der bessere
Lern- und Entwicklungsfeld	Schwäche
Nachhaltig	Bis zur nächsten Analysten-Konferenz
Nicht unanspruchsvoll	Steigerung von unmöglich
Offen gesagt	ich lüge
Optimiert	ausgepresst
Resultatsoffener Prozess	versteckte Agenda
Roundabout	ich weiß es nicht
Sachzwang	Vorwand
Schlank	magersüchtig
Selfness	Egoismus
Spannend	langweilt mich
State-of-the-art	Ich kanns nicht besser
«Stör' ich Sie gerade?»	Platz da, ich komme!
(Frage an Angerufenen) «Nein.»	Ja, doch (höfliche Notlüge des Angerufenen)
Streitkultur	Die Meinung des Vorstandes durchboxen

stufengerecht	*uniform*
Umsetzungsorientierter Macher	*Kampfsau/Haudrauf*
win-win	*Eins für mich, eins für Dich. Und noch eins für mich.*
Zeitnah	*von jetzt auf gleich*

Fazit: «Die Lüge ist wahrer als die Wahrheit, weil die Wahrheit so verlogen ist.» (André Heller)

X, Y

Generation X

In seinem 1994 erschienen Roman «Generation X – Geschichten für eine immer schneller werdende Kultur» beschreibt der kanadische Kultautor Douglas Coupland den Lebensstil einer Generation, die in den 1960er- und 1970er-Jahren geboren ist, sich erstmals ohne Kriegseinwirkung mit weniger Wohlstand und ökonomischer Sicherheit auseinandersetzen muss, und kritisiert die Wohlstandsgesellschaft der Vorgänger-Generation, die «mit 30 stirbt, um mit 70 begraben zu werden». Ein Lifestyle-Lexikon über die *Twentysomethings,* die heute, fünfzehn Jahre älter, Latte Macchiato trinkend, in den Chefetagen angekommen sind. Vordergründige Merkmale sind: Heroisierung langweiligen 80er-Jahre, überangepasste Familienväter, jederzeit mit Blackberry erreichbar, in der Freizeit mit der Organisation der Patchworkfamilie absorbiert und glücklicher Vater eines vierten Kindes mit der dritten Mutter.

Y-Tangente

Y-Tangente: Die geduldigste aller geometrischen Linien, die senkrechte in der Matrix-Grafik: «Ist die Idee noch so klein, passt sie in 'ne Matrix rein», kalauert der Innovationsbeauftragte.

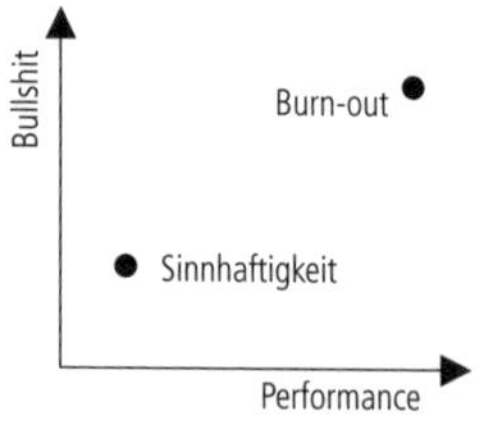

Welches ist die Y-Tangente?

Z

Zero based Budgeting

Erfolgreiche Technik, um Kosten zu senken, denn mit dieser Herangehensweise lässt sich jede Werksschließung rechnen. Planungsmethode, die nicht von einem aktuellen Budget aus geht, sondern von einer von Grund auf neu gedachten Nullbasis, auch *greenfield-approach* genannt.

Zielvereinbarung

Gemäß einer Studie der Watson Wyatt Heißmann GmbH in Wiesbaden werden in 91 Prozent der befragten deutschen Unternehmen Zielvereinbarungen getroffen (79 Prozent) oder sind geplant (12 Prozent). Die Befragung erfasste 241 Unternehmen (darunter fast jedes zweite DAX-Unternehmen) und wurde im November 2005 durchgeführt.* In vielen Unternehmen läuft der Zielvereinbarungsprozess scheinbar gut. Negative Erfahrungen mit Zielvereinbarungen haben Unternehmen primär bei der operativen Umsetzung gemacht. Am häufigsten wurden hier genannt:

- Zielformulierungen sind zu schwammig (64 Prozent).
- Spielregeln zur Zielvereinbarung werden nicht eingehalten (43 Prozent).
- Ziele werden einfach vorgegeben (32 Prozent).
- Unterjährige Prioritätenänderungen sind schlecht abbildbar (30 Prozent).**

---

* Befragung der Watson Wyatt Heissmann GmbH, Wiesbaden.

** Ebenda.

Sehr oft sind Zielvereinbarungen einfach überfrachtet. Ich kenne Beispiele mit 20 Prozent Konzernzielen, 40 Prozent Abteilungszielen, 30 Prozent Teamzielen und 10 Prozent persönlichen Zielen. Ein solcher Mix hinterlässt bei vielen Führungskräften den Eindruck, dass diese Ziele gar nicht beeinflussbar sind.

Es gibt auch zwei Glaubensfraktionen: Die einen glauben an individuelle, dezentrale Zielvereinbarungen und Vergütungssysteme, die eben nicht zentralistisch am Reißbrett entstanden und auf jeden einzelnen Mitarbeiter und sein persönliches Umfeld ausgerichtet sind. Typische Aussage dazu: «Ich will weder eine Anerkennungsprämie fürs Dasein noch dafür bestraft werden, dass Kollegen in den USA schlechte Ergebnisse abliefern.»*

Die andere Fraktion glaubt genau das Umgekehrte. Sie wollen Systeme, die sich etwa am Umsatz oder am Profit der Unternehmung widerspiegeln und sind überzeugt, diese seien den individuellen Zielvereinbarungen weit überlegen: «So verhindern wir, dass sich Führungskräfte ausschließlich ihren persönlichen vereinbarten Zielen zuwenden und die Gesamtsicht ausblenden.»**

Oft ist einfach nur die Umsetzung lieblos: Überarbeitete Führungskräfte nehmen sich wenig Zeit, in real erlebten Fällen sogar so wenig Zeit, dass die Mitarbeitenden aufgefordert wurden, die Zielvereinbarung selber auszufüllen und zur Abzeichnung aufs Blackberry zu mailen – quasi die dialogfreie Zielvereinbarung.

Oder «unerreichbare Planvorgaben werden gnadenlos von oben nach unten durchgedrückt, ohne dass der Be-

* Herman Lessing, Investmentbanker eines Finanzinstituts in Zürich.

** Cornelius Schmitt, Produkt-Manager einer Frankfurter Bank.

troffene eine Chance gehabt hätte, persönliche Ziele einzubringen oder einen Dialog zu führen».*

Wie nur wurden Unternehmen vor der Zeit der Balanced Scorecard geführt? Und warum waren diese (trotzdem) erfolgreich? Eine mögliche Antwort liefert der Delfin-Forscher John Lilly. Er wollte die Lernfähigkeit dieser Tiere ausloten, indem er ihnen die sichere Beherrschung von möglichst komplizierten Sprüngen beizubringen versuchte. Er fand unüberraschenderweise heraus, dass die Delfine Dinge der Belohnung wegen tun, auch wenn sie aus ihrer Lebenswirklichkeit heraus keinen Sinn machten. Hingegen entdeckte er ebenfalls, dass die Delfine nichts lernten, was sie nicht auch so gekonnt hätten, wenn es für sie nur sinnvoll gewesen wäre. Und: Sie verlernten die Freiheit, spielerische Alternativen zu suchen oder Dinge zu tun oder auch zu lassen. Es handelte sich also weniger um intelligentes Lernen als um Dressur.**

Post Scriptum

«Wer sein Leben immer aus der Perspektive Erfolg oder Nichterfolg betrachtet, verkrampft unweigerlich. Wichtig ist doch nur, wie ich mal auf mein Leben zurückblicken werde. Was dann davon übrig bleibt:

- Habe ich meine Arbeit gern gemacht – auch wenn sie nicht ein Millionenpublikum gefunden hat?
- War ich so oft wie möglich glücklich?
- Habe ich anderen Menschen etwas mitgeben können?

* Sandra Bauer, Gruppenleiterin eines englischen Mobilfunkunternehmens.

** Dr. Bernd Schmid in, www.coaching-newsletter.de, Juli 2007

– War ich ehrlich zu mir selbst?
Das ist es doch, was zählt.»

Marc Forster (*1969), Schweizer Hollywood-Regisseur («Monster's Ball», «Finding Neverland», «The Kite Runner», «Quantum of Solace» u. a.)

Einladung zum Dialog

Haben Sie eine Ergänzung? Fehlt Ihnen ein Thema? Möchten Sie die eine oder andere Bemerkung kommentieren? Oder möchten Sie ganz einfach nur lesen, was andere dazu sagen?

www.bestofbullshit.com

Bibliografie Hans Rudolf Jost

- Das Vitalizer Projekt. Inforno – Chaos – Angst. Ansätze zur Bewältigung in Führung und Management.
  ISBN 3-9520427-0-6. Edition Yahoo 1993.
- Der Change Navigator. Im Wandel wachsen.
  ISBN 3-905327-04-X. A & O des Wissens, Zürich 1998.
- Komplexitäts-Fitness – Wandel erfolgreich gestalten. CompleXellence – The Revolution of Change. ISBN: 3-905327-11-2. A & O des Wissens, Zürich 2000.
- Unternehmenskultur: Wie weiche Faktoren zu harten Fakten werden. ISBN 3-280-05029-4, Orell Füssli, Zürich 2003.
- Das Große Buch vom Change. Weisheit aus Jahrhunderten für den überforder ten Flexecutive. Minibuch, Zürich 2005.
- Das Große Buch für Besserwisser. 111 Ausreden bei Erfolgsfreiheit. Minibuch, Zürich 2006.
- Das Große Buch der Kommunikation. Aufbauendes zu Abbau, Umbau, Ausbau. Minibuch, Zürich 2007.